Die **KRAFT** des WEIBLICHEN

Dieses Buch ist allen Frauen gewidmet, die sich als Schöpferinnen ihres Lebens verstehen und sich von begrenzenden Rollen und Mustern lösen möchten, um zu erfahren, was es heißt, im Einklang mit sich und der weiblichen Kraft ihre Weiblichkeit positiv zu leben. Ich danke allen Frauen und Männern, die vorausgegangen sind oder nachfolgen werden und durch ihr beherztes Forschen, Fühlen, Streben und Vertrauen in die Kraft des Weiblichen eine lebensbejahende Welt wieder möglich machen.

Kristina Marita Rumpel

Die Kraft des Weiblichen

Der Schlüssel für Frau und Mann
in eine lebensbejahende Welt

Haben Sie Fragen an Kristina Rumpel?
Anregungen zum Buch?
Erfahrungen, die Sie mit anderen teilen möchten?

Nutzen Sie unser Internetforum:
www.mankau-verlag.de

Impressum

Bibliografische Information der Deutschen Nationalbibliothek
Die Deutsche Nationalbibliothek verzeichnet diese Publikation in der Deutschen Nationalbibliografie; detaillierte bibliografische Daten sind im Internet über http://dnb.d-nb.de abrufbar.

Kristina Marita Rumpel
Die Kraft des Weiblichen
Der Schlüssel für Frau und Mann in eine lebensbejahende Welt
ISBN 978-3-86374-302-4
1. Auflage November 2016

Mankau Verlag GmbH
Postfach 13 22, D-82413 Murnau a. Staffelsee
Im Netz: www.mankau-verlag.de
Internetforum: www.mankau-verlag.de/forum

Lektorat: Redaktionsbüro Diana Napolitano, Augsburg
Endkorrektorat: Susanne Langer M. A., Traunstein
Layout, Satz und Bildbearbeitung: Lydia Kühn, Aix-en-Provence, Frankreich
Energ. Beratung: Gerhard Albustin, Raum & Form, Winhöring

Die Gedichte auf den Seiten 11, 19, 37, 95, 138 sind mit freundlicher Genehmigung des Verlages *Druck und Verlag Pomaska-Brand GmbH* aus dem Werk »Segen so tief wie die Seele« von Rakuna & Anomatey entnommen.

Bildnachweis: jozefklopacka - Fotolia.com (2, 5–7, 11, 19, 20, 22, 37, 71, 95, 138, 146/147); Jag_cz - Fotolia.com (9); Sergey Nivens - Fotolia.com (24); Colourbox.de (25, 27, 29, 31, 32, 35, 38, 41, 42, 72, 77, 89, 94, 119, 122, 133, 142, 148, 156); Rolf Langohr - Fotolia.com (44); portishead5 - Fotolia.com (46); Li-Bro - Fotolia.com (50); Michael Rosskothen - Fotolia.com (52); K.- P. Adler - Fotolia.com (55); AlexanderNovikov - Fotolia.com (56); »SheelaWiki« by Pryderi - https://de.wikipedia.org/wiki/Datei:SheelaWiki.jpg is licensed under a Creative Commons license: http://creativecommons.org/licenses/by/3.0/ (59l); »Caen salle de l'Échiquier modillon 34« by Roi.dagobert - https://de.wikipedia.org/wiki/Datei:Caen_salle_de_l'Échiquier_modillon_34.JPG is licensed under a Creative Commons license: http://creativecommons.org/licenses/by/3.0/ (59ml); »Colegiata de Cervatos - Ventana abside - Mujer« by Colegiata_de_Cervatos_-_Ventana_abside02.jpg: ecelan - https://de.wikipedia.org/wiki/Datei:Colegiata_de_Cervatos_-_Ventana_abside_-_Mujer.jpg is licensed under a Creative Commons license: http://creativecommons.org/licenses/by/3.0/ (59mr); »Walcourt - Miséricorde - Satire des baladins« by Jean-Pol GRANDMONT - https://de.wikipedia.org/wiki/Datei:Walcourt_-_Miséricorde_-_Satire_des_baladins.JPG is licensed under a Creative Commons license: http://creativecommons.org/licenses/by/3.0/ (59r); »The Blackstone« by Amerrycan Muslim - https://de.wikipedia.org/wiki/Datei:The_Blackstone.jpg is licensed under a Creative Commons license: http://creativecommons.org/licenses/by/3.0/ (60); magnoos - Fotolia.com (64); hamsterlabs - Fotolia.com (66); deepagopi2011 - Fotolia.com (68); Lava Lova - Fotolia.com (80); Jesse-lee Lang - Fotolia.com (82); branco44 - Fotolia.com (84); igor_shmel - Fotolia.com (92); Jürgen Fälchle - Fotolia.com (97, 149); reichdernatur - Fotolia.com (98); Prazis - Fotolia.com (100); chrupka - Fotolia.com (102); xolibu - Fotolia.com (105); MG - Fotolia.com (107); iostephy.com - Fotolia.com (109); krissikunterbunt - Fotolia.com (110, 115, 116, 118, 120, 125, 127); DeoSum - Fotolia.com (112); detailblick-foto - Fotolia.com (129); Sonja Janson - Fotolia.com (130); zolotareva_elina - Fotolia.com (131); adimas - Fotolia.com (136); Alik Mulikov - Fotolia.com (141); cutecancerian - Fotolia.com (144); pusteflower9024 - Fotolia.com (151); adrenalinapura - Fotolia.com (152); Luis Louro - Fotolia.com (153)

Druck: Westermann Druck Zwickau GmbH, Zwickau/Sachsen

Hinweis für die Leser/innen: Die Autorin hat bei der Erstellung dieses Buches Informationen und Ratschläge mit Sorgfalt recherchiert und geprüft, dennoch erfolgen alle Angaben ohne Gewähr. Verlag und Autorin können keinerlei Haftung für etwaige Schäden oder Nachteile übernehmen, die sich aus der praktischen Umsetzung der Ratschläge in diesem Buch ergeben.

Inhalt

Vorwort: Ein Aufruf — 8
Gebet: Die Unbeschreibliche 11

In welcher Welt wollen wir leben? — 12
Getrenntsein als Grundschmerz unserer Zeit 12
Weiblichkeit als Wegweiser in eine Zeit der Verbundenheit 14
Das Leben bejahen im Denken, Fühlen und Handeln 15
Das Rad der Transformation 18
Gebet: Wunder der Schöpfung 19

Weibliche Kraft als universelle Schöpfungskraft — 20
Der vergessene Mittelpunkt des Lebens – die Zahl 13 21
   Motor der Transformation 22
   Integrationspunkt 23
Der weibliche Urgrund als Quelle des Lebens 25
   Der weibliche Körper 26
   Die Urmutter als Quelle allen Seins 28
Alles Leben entspringt dem Mutterschoß 30
Die weibliche Schöpfungsgeschichte 33
   Im Volksglauben überlebt 34
Gebet: Gebäre, Frau 37

Wiederentdeckung nach Jahrtausenden der Vergessenheit — 38
Die weibliche Kraft bringt Wandel und Erkenntnis 40
Die goldene Zeit als eine Ära weiblicher Kraft 43
   Höhlen als Kraftorte 46
Das Ende der weiblichen Kulturen als Zeit dominanter Männlichkeit 48
   Erschaffen statt schöpfen 51

Waffen statt Symbolik	53
Phallus statt Vulva	53
Sex statt heilige Sexualität	56
Die Entstehung der Weltreligionen als eine Zeit der Umdeutung der weiblichen Kraft	**57**
Hohepriesterinnen werden instrumentalisiert	58
Vulva als Tor zur Schöpfung wird verschleiert	58
Salomon als Hüter weiblicher Macht wird zum Vater des Satanismus	61
Gott mit Brüsten wird verschwiegen	62
Die Schlange als Symbol der weiblichen Kraft wird entehrt	63
Spirituelle Deutungsmacht wird Frauen entzogen	64
Die Antike als eine Zeit der Festschreibung männlicher Macht	**65**
Männer erschufen die Welt, wie sie sich uns heute zeigt	69
Das Ende des zyklischen Lebens	72
Das Ende des Bundes von Mutter und Tochter	74
Das Mittelalter als Zeit der Auslöschung weiblichen Weisheitswissen	**75**
Das anhaltende Tabu um die Regelblutung	76
Die Stigmatisierung weiblicher Erfahrungswelten	79
Leid statt Lebensfreude und Kraft	81
Die Entmachtung weiser Frauen zur Neuordnung der Welt	83
Die Neuzeit als Zeit der Etablierung des männlichen Weltbildes	**86**
Die Verleugnung der weiblichen Sexualität	87
Die Unterdrückung der weiblichen Kraft und Zerstörung der Lebensgrundlage	90
Gebet: Fürbitten an die All-Mutter	95

Freiheit für die weibliche Kraft im 21. Jahrhundert   96

Die Gleichberechtigung springt zu kurz	**99**
Geschlechterkonstruktionen gehen am Kern vorbei	101
Selbstbewusstsein im Wissen um die Bedeutung der weiblichen Kraft für das Leben	103
Weiblich und männlich als Polaritäten des Lebens	**104**
Loslösung vom Geschlecht als Ordnungssystem	**105**
Weiblich und männlich als Triebfedern in jedem Menschen	106
Chakren als Zentren männlicher und weiblicher Qualitäten	**108**
Die weibliche Kraft befeuert die Chakren	111
Männliche Qualitäten fördern das Leben in seinem Bestand	**113**
Akzeptanz und Stärke	114
Entschlossenheit und Mut	115

Wahrheit und Klarheit ... 117
Grenzenlosigkeit und Verschmelzung ... 120

Weibliche Qualitäten führen zu einem erfüllten Leben ... 121
Kreativität und Lebenslust ... 123
Mitgefühl und Selbstliebe ... 124
Intuition und Führung ... 126
Ausstrahlung und Ausdehnung ... 128

Lebensqualitäten als Wegweiser für die integrative Ordnung des Lebens ... 131
Der Schlangenträger – das Männliche trägt das Weibliche durch Raum und Zeit ... 134
Harmonie der Geschlechter im Zusammenklang mit der weiblichen Kraft ... 135

Gebet: Frauen verkünden ihre Kraft ... 138

Weibliche Kraft führt in die Zukunft 139

Natürliche Geburten öffnen das Tor zur weiblichen Kraft ... 141
Selbstermächtigung im Vertrauen auf die weibliche Kraft ... 143

Die goldenen Prinzipien des Lebens ... 145

Gebären und leben 146

Anhang: Integration der weiblichen Kraft im Alltag 150

Naturverbundenheit ... 150

Geh-Fühl ... 151

Singen und Tanzen ... 152

Frauenkreise ... 153

Feste im Jahreskreis ... 154

Gebete und Segen ... 155

Literaturverzeichnis ... 157

Stärkende Angebote im Internet ... 158

Register ... 159

Vorwort: Ein Aufruf

Im 21. Jahrhundert sind Frauen und mit ihnen die Männer aufgerufen, ihre Wahrnehmung auf den Prüfstand zu stellen und die Welt neu zu fassen. Wie die deutsche Philosophin und Autorin Ariadne von Schirach (*1978) sehe auch ich die Zeit reif für eine *poetische Revolution*. Lasst uns neue Geschichten über das Leben schreiben, Bilder entwerfen über ein harmonisches Zusammenspiel von Menschen im Einklang mit der Natur und der universellen Schöpfungskraft. Das gilt auf persönlicher Ebene genauso wie für Unternehmen und erst recht für die Politik. Dem Leben und den Menschen dienende Konzepte sind gefragt. Dazu müssen wir wieder wahrhaftig hören und sehen lernen. Sehen, was um uns ist, um die verborgenen Zusammenhänge zu erkennen. Hören, was in uns ist, um im Einklang mit dem Lebensstrom ein erfülltes Leben genießen zu können.

Dem Leben und den Menschen dienende Konzepte führen in die Zukunft.

Für dieses Vorhaben gibt es eine mächtige Verbündete: die *weibliche Kraft*. Sie ist die treibende, alles bewegende Kraft im Universum, die männliche wie weibliche Energien in sich integriert und verbindet. Sich mit ihr vertraut zu machen und sie einzuladen in unser Leben, ist Sinn und Ziel dieses Buches. Es erkundet die Dimensionen der weiblichen Kraft und erklärt, wie und warum wir diese elementare Lebenskraft überhaupt vergessen konnten. Wir entdecken die Kräfte in Frau und Mann neu – als weibliche und männliche Seelenkräfte und Lebensqualitäten. Durch die Wiederentdeckung der weiblichen Kraft finden wir zurück zu den lebensbejahenden Prinzipien des Lebens. Von dieser Warte aus erhalten wir einen Ausblick auf eine neue Zeit des Miteinanders der Geschlechter und der tiefen Verbundenheit zu allem Leben.

Doch sei an dieser Stelle auch eine Warnung ausgesprochen: Mit der Erinnerung an die urgewaltige, weibliche Kraft ist auch manches verbunden, was wir lieber unter dem Teppich halten würden. Ob bewusst oder unbewusst – viele Menschen lehnen

Frau und Mann als die polaren Kräfte im Leben, die ausbalanciert und aufeinander bezogen das Leben fördern und nicht zerstören.

diese Energie aus Angst ab. Sie rüttelt an den Grundfesten unseres Glaubens und unserer Glaubenssätze, mit denen wir aufgewachsen sind und die seit Jahrhunderten von Generation zu Generation weitergegeben werden. Die kulturellen Muster sitzen tief und werden üblicherweise unreflektiert übernommen. Doch wir leben in einer Zeit, in der das, was wir bisher als normal hingenommen haben, auf den Prüfstand muss, damit wir uns nicht selbst vernichten. Die Welt ist ins Wanken geraten, das verdeutlichen uns die weltweiten Krisen tagtäglich. Was wir allerorten sehen, sind fehlgeleitete, da entwurzelte Energien einer dem Leben abgewandten zerstörerischen Seite der männlichen Kraft in uns allen. Was wir brauchen, ist ein Gegengewicht zum Ausgleich der Kräfte, in dem die weibliche Kraft hervortritt und ihren angestammten Platz (wieder) einnimmt.

Die Ursache der weltweiten Krisen ist eine fehlgeleitete, da entwurzelte männliche Sicht auf die Welt.

Das Buch ist kein fanatischer Imperativ und kein Versuch, jemanden zu überzeugen. Ich schreibe schlichtweg über das Weltbild, das sich mir erschlossen hat und der Tiefe meines Herzens entsprungen ist. Es erhebt keinen Anspruch auf absolute Wahrheit und ist doch wahrhaftig, da es einen ganz persönlichen, intimen Einblick in die Zusammenhänge dieser Welt bietet. Jeder Mensch erhascht nur einen kleinen Ausschnitt des Ganzen. Der Ausschnitt vergrößert sich, wenn nicht jeder den eigenen Standpunkt als absolute Wahrheit betrachtet, sondern beginnt, die Wahrheit des anderen anzuerkennen und die einzelnen Puzzleteile zusammenzufügen. Und genau das ist der Wunsch und Aufruf hinter diesen Zeilen: **Möge jeder, der das Buch liest, seine Anknüpfungspunkte suchen und weiter- und mitdenken, auf dass sich der Faden der Erkenntnis zum Wohl aller und der Welt in Frieden und Freiheit weiterspinnt und ein dichtes Netz der Verbundenheit entsteht.**

Dieses Buch ist im Vertrauen auf die weibliche Kraft geschrieben. Wie die Kraft selbst hat es uns allen viel zu schenken, aber es fordert auch. Die Kraft schenkt uns: Einblicke in die tieferen Zusammenhänge und uraltes Weisheitswissen. Sie fördert Selbstheilungskräfte und universelle Liebe. Sie bietet uns mütterliches Umsorgtsein. Dafür fordert sie: das Lösen von Situationen, die uns klein halten, das Hinterfragen alter Glaubenssätze sowie eine tief empfundene Wertschätzung für das Leben.

Denn die weibliche Kraft ist keine abstrakte Größe, auch wenn wir sie nur schwer zu fassen bekommen und sie rund um den Erdball viele Namen und Personifizierungen annimmt. Sie ist eine unvorstellbar starke Kraft, die aus sich selbst heraus wirkt. Sie ist pure Vitalität, die treibende Kraft im Universum. Doch sie ist keine Kraft im Außen, sondern liegt in uns verborgen. In ihr liegt der Schlüssel zum Verständnis des Universums, denn sie ist Urbestandteil des Seins. Sie ist Leben. Wir alle sind dank dieser Kraft entstanden. Sie befeuert unser inneres Wesen. Sie ist Wandel und Antrieb der Revolution.

Die weibliche Kraft ist eine aus sich heraus existente Kraft im Universum. Sie ist das Leben.

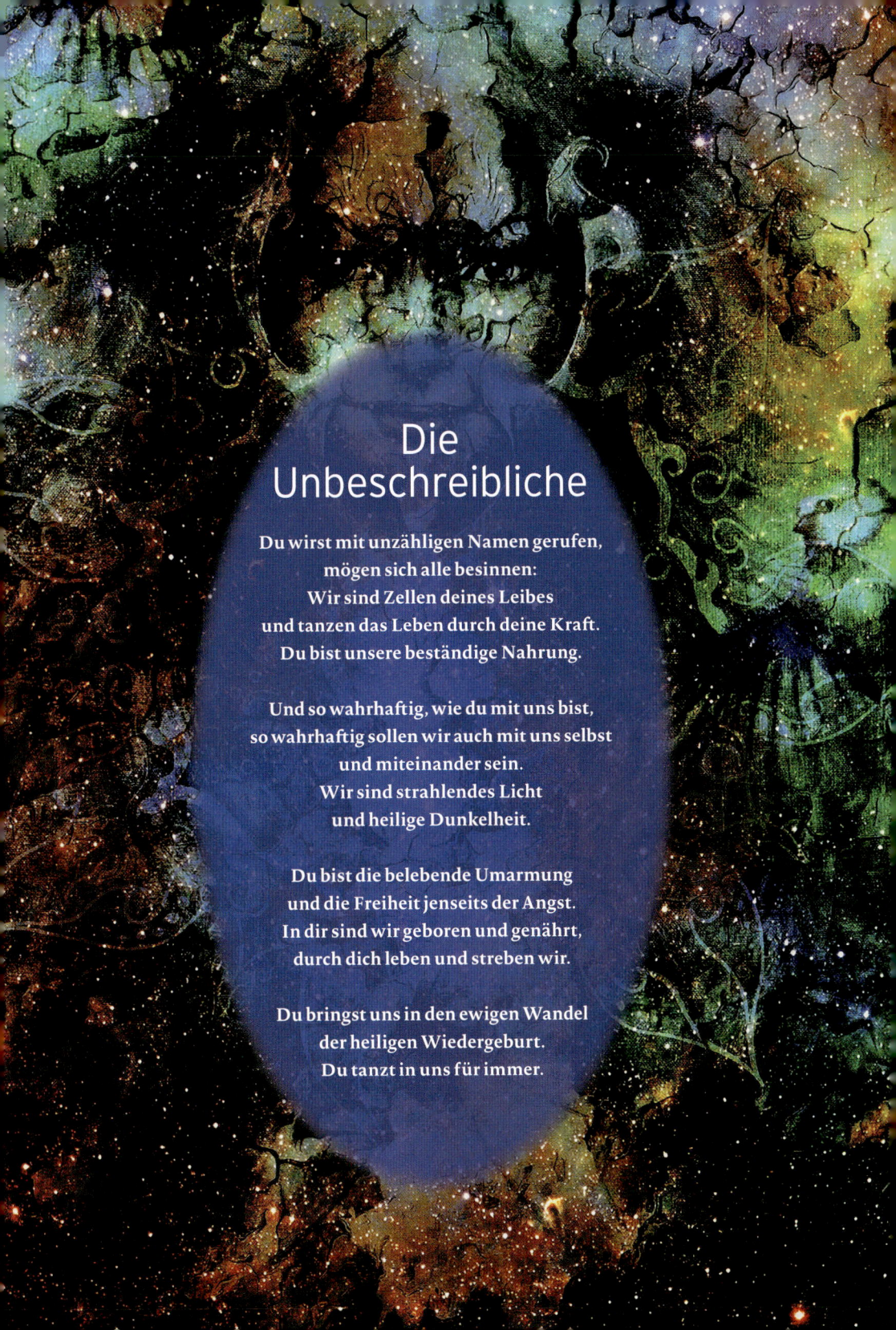

Die Unbeschreibliche

Du wirst mit unzähligen Namen gerufen,
mögen sich alle besinnen:
Wir sind Zellen deines Leibes
und tanzen das Leben durch deine Kraft.
Du bist unsere beständige Nahrung.

Und so wahrhaftig, wie du mit uns bist,
so wahrhaftig sollen wir auch mit uns selbst
und miteinander sein.
Wir sind strahlendes Licht
und heilige Dunkelheit.

Du bist die belebende Umarmung
und die Freiheit jenseits der Angst.
In dir sind wir geboren und genährt,
durch dich leben und streben wir.

Du bringst uns in den ewigen Wandel
der heiligen Wiedergeburt.
Du tanzt in uns für immer.

In welcher Welt wollen wir leben?

Wir leben in einer Zeit, in der Verdrängtes mit Macht an die Oberfläche drängt. Die weltweiten Krisen wie Umweltzerstörung, Klimawandel, Terror, Armut, Hunger, Epidemien sind so existenziell, dass die altbewährten Strategien der Schönung, Verdrängung oder sogar gewaltsamen Unterdrückung nicht mehr greifen. Sie verschärfen die Probleme nur. Das gilt in allen Bereichen, im Privaten ebenso wie auf dem gesellschaftlichen oder politischen Parkett. Gleichzeitig hat die Zeit der großen Umbrüche begonnen. Wortreich und doch seltsam inhaltsleer werden Konzepte vorgestellt und diskutiert, die mangels ganzheitlicher Betrachtung – auch durch die fehlende Einbindung der eigenen Person und des großen Ganzen – das Leben in seiner Essenz nicht abbilden und daher an der Lebenswirklichkeit vorbeigehen. In diesen Erklärungsansätzen zeigt sich das alte, unverbundene Denken, das der Zeitqualität des Umbruchs und der Neuausrichtung nicht gerecht wird.

Die weibliche Kraft fordert, Gegensätze zu integrieren, statt in Gegensätzen zu denken.

Getrenntsein als Grundschmerz unserer Zeit

Wir müssen keine Visionäre sein, um zu erkennen, dass eine neue Ära bevorsteht, ja bereits begonnen hat. Wir sind dabei, eine neue Integrationsfähigkeit auszubilden, die uns erlaubt, das Gemeinsame in der Vielfalt zu erkennen und die trennenden Aspekte, die allein unserem Denken entspringen, hinter uns zu lassen. Durch ein gleichzeitiges Denken von Gegensätzen statt des Verharrens in Gegensätzen erreichen wir eine höhere Ebene des Bewusstseins und Miteinanders. Wir verstehen langsam, dass sich die Dinge nicht mehr getrennt voneinander betrachten lassen. Alles ist eingebunden in einen Kontext, hat eine Vergangenheit und Zukunft und ist kein losgelöstes Ereignis. Was sich so schlicht anhört, ist für viele eine echte Herausforderung. Bisher waren wir gewohnt und haben uns darauf trainiert, alles in seine Einzelteile zu zerlegen, um es besser untersuchen, begreifen und auch auf Distanz halten zu können. Für alles gibt es ein Mittel, ein Rezept, einen Knopf. Doch das Wesentliche und Substanzielle bleibt dabei oft auf der Strecke, denn das Ganze ist mehr als die Summe seiner Einzelteile. Schmerzlich müssen wir erfahren, dass Spaltung nicht zum Kern, sondern immer weiter davon wegführt. Immer gibt es noch ein weiteres Teilchen, sowohl im Kleinsten wie auch im Größten. Das Leben ist ein Paradoxon.

Spaltung führt nicht zum Kern, sondern immer weiter vom Ursprung weg.

Ohne Integration der Einzelteile und Rückbindung zum gemeinsamen Ursprung führt das unendliche Aufteilen und Trennen in sein Gegenteil: Statt Ordnung entsteht Chaos. Vor uns liegen dann unverbundene Teile. Die Bruchstellen schmerzen; brandgefährliche neue Probleme können ausgelöst werden. Die Wunden heilen nicht, weil die Trennung wider die Natur ist. Egal, wie viel wir erdenken, konstruieren, verschieben oder erklären, wir müssen anerkennen, dass auch wir Menschen Teil einer größeren Ordnung sind. Dass wir Teil des natürlichen Lebens sind, das auf dem Prinzip der Verschmelzung und Verbindung beruht. Auch die Zeit kann den tiefsten Schmerz in uns nicht heilen, nämlich unsere Abspaltung und Abkehr von der Natur. Letzteres ist eine direkte Folge der Abgrenzung des Männlichen vom Weiblichen, wie wir später sehen werden. Die Sehnsucht der Menschen, wieder heil und ganz zu sein, sich rückzubinden an die Natur, führt zu ebenso schlichten wie wahrhaftigen Erkenntnissen, befördert die Geheimnisse des Lebens und hilft uns, sich an das uralte Weisheitswissen der Menschheit zu erinnern. Die zementierten Glaubenssätze der Jahrhunderte reißen allmählich ein – zum Vorschein kommt die weibliche Kraft, die alles Leben und jede Zelle in uns durchspült. Sie ist es, die dieser Tage mit Macht ins Bewusstsein der Menschen und an die Oberfläche drängt. Sie offenbart: Angesichts der Gewalt in der Welt ist ein Umschwung nötig.

Weiblichkeit als Wegweiser in eine Zeit der Verbundenheit

Die Faszination für das Weibliche entspringt aus unserem Innersten. Lange war die weibliche Kraft verdeckt vom Ballast der Jahrtausende. Doch sie war nie weg, sondern hat nur geruht, um wie nach einem langen Winterschlaf mit Macht ins Leben zurückzukommen. Sie neu zu ergründen, darin liegt ein großer Schatz für Frauen wie Männer und der Weg in eine neue Zeit des Miteinanders. Die weibliche Kraft wiederzufinden heißt, sich ganz persönlich auf eine Abenteuerreise einzulassen, an deren Ende sich der Suchende selbst in einem neuen Licht wahrnimmt und das Leben mit anderen Augen sieht. Nichts weniger als die Neugeburt der Menschheit hält sie bereit. Ihr auf die Spur zu kommen heißt gleichsam, sich selbst neu zu entdecken. Das gilt für beide Geschlechter, denn sie fördert ein lang vergessenes Verständnis von weiblich und männlich zutage, das es uns ermöglicht, das volle menschliche Potenzial auszuschöpfen. Ein unendliches Kraftreservoir, aus dem wir Menschen schöpfen können – zur Selbsterkenntnis, zur persönlichen und spirituellen Entwicklung und Gestaltung einer Welt, in der Frau und Mann wieder verbundene, das heißt aus ihrer Mitte heraus und im Leben verwurzelte Entscheidungen treffen können, die dem Wohle aller dienen. Frieden, Daseinsfreude und die Liebe zum Leben entwickeln sich auf diesem Fundament. Wer sich mit der weiblichen Kraft in Frau und Mann beschäftigt, dem eröffnet sich ein Leben im Einklang mit dem eigenen Wesen, der Natur und den universellen Gesetzen und er kommt in den Flow des Lebens.

Dies ist nicht nur ein persönlicher Gewinn, sondern geht bei Weitem über die persönliche Dimension hinaus. Angebunden an die weibliche Kraftquelle und frei von Stereotypen, erwei-

*Die Wiederentdeckung der weiblichen Kraft
in Frau und Mann
versöhnt die Geschlechter.
Ohne sie ist ein Frieden in der Welt nicht möglich.*

tert sich der Blick auf weibliche und männliche Qualitäten als elementare tief greifende Lebensqualitäten wie Mitgefühl, Kreativität, Intuition oder Akzeptanz, Mut und Klarheit. Angesichts der weltweiten Krisen kommen wir nicht umhin, die Frage nach männlich und weiblich neu zu stellen. Bevor wir nicht geklärt haben, wie genau männliche und weibliche Energien in uns und in der Welt wirken und wie wir diese positiv leben können, bevor diese Kräfte nicht benannt sind, sind ein friedliches Miteinander und die Lösung der drängenden Probleme der Menschheit in weiter Ferne.

Das Leben bejahen im Denken, Fühlen und Handeln

Die Beschäftigung mit der weiblichen Kraft führt auch zur Frage, wie wir in Zukunft leben beziehungsweise welchen Stellenwert wir dem Natürlichen, dem Nichtkontrollierbaren, dem Urweiblichen in unserer Gesellschaft einräumen wollen. Dabei geht es nicht um eine Vorherrschaft des Weiblichen, sondern um den heilvollen Ausgleich beider Kräfte. Um eine Balance der männlichen wie der weiblichen Lebensenergien, die gemeinsam in jedem Menschen wirken und damit geschlechtsunabhängig und uns allen gemein sind, zu erreichen, sodass wir wieder zu einem ganzheitlichen Verständnis von Mensch, Natur und Kosmos und damit zu einem klaren Ja zum Leben und den seit Urzeiten geltenden heiligen Prinzipien des Lebens finden können. Heilig versteht sich losgelöst von religiösen Vorstellungen und bezieht sich allein auf eine lebensbejahende und lebensförderliche Weise im Denken, Fühlen und Handeln.

Dieses Buch ist ein Plädoyer für die Freiheit und ein Loblied auf das Leben in seiner Vollkommenheit. Das Leben zu verbessern ist unnötig. Es ist bereits vollkommen. Vielmehr geht es darum, das Leben als Wunder wieder wahrzunehmen. Es wurde geschrieben aus Liebe zur Wahrhaftigkeit und aus dem Wunsch, Leben wieder zu heiligen, also mit jeder Faser des Fühlens, Denkens und Wollens lebensbejahend erfahren zu können. Wer das Leben jenseits seiner Teilaspekte verstehen möchte, dem hilft eine Bewusstheit für die großen Bögen des Lebens, aber vor allem auch eine Zusammenschau vergessen geglaubten Wissens.

Von Frau zu Frau wird das Leben seit Anbeginn der Zeit weitergegeben. Das gilt im Großen wie im Kleinen: Niemand wäre hier, wenn er nicht von einer Frau geboren worden wäre. Wir alle entstammen dem weiblichen Schoß und haben zehn Monate im Inneren, als Teil des weiblichen Körpers verbracht. Wenn auch die Geschichte der Frau mit viel Leid verbunden war und teilweise noch immer ist, so geht es in diesem Buch zu keinem Zeitpunkt darum, Schuldige zu suchen oder anzuklagen, sondern um das genaue Gegenteil: hinzuschauen, um den Schmerz, der noch in so vielen Frauen wie Männern begraben ist und ihre Seelen auffrisst, in Mitgefühl statt Mitleid zu wandeln und ziehen zu lassen. Zu erwachen aus dem kollektiven Albtraum und vereint wahrhaft lebendig das Leben zu feiern.

Die Menschheitsgeschichte kann als Geschichte der Frauen erzählt werden. Sie ist eine Geschichte der weiblichen Kraft.

Eine Rückblende mit heilsamer Absicht zielt nicht auf eine vollständige oder lückenlose Aufarbeitung der Vergangenheit, sondern darauf, alte Verwicklungen zu lösen und im Herzen für die Liebe frei zu werden. Ich möchte das verhedderte Knäuel an Irrungen und Wirrungen im persönlichen wie im übergeordneten Rahmen aufwickeln, denn alles hängt mit allem zusammen. Alle Stränge sind letztlich ein Faden, der von Anfang bis Ende in die Ewigkeit und zurück führt. Aus dieser Position und Perspektive kann sich die Geschichte der Menschheit vor unserem inneren Auge neu entwickeln. Wir können wieder klar sehen und das Wesentliche verstehen. Nur mit einer klaren Ausrichtung und indem wir uns an den Ursprung zurückbegeben, an den uns die weibliche Kraft führt, lassen sich die Wolken und Schleier vertreiben. Für freie Frauen und selbstbewusste Männer ist die Zeit zu Beginn des 21. Jahrhunderts reif, beherzt und furchtlos, neugierig und vertrauensvoll hinter den Vorhang zu blicken.

Sich der weiblichen Kraft zuzuwenden, heißt, am Weltbild zu rütteln.

Das Rütteln am Weltbild macht vielen Menschen Angst. Manche wehren sich mit allen Mitteln der Ablehnung dagegen. Doch wir schauen hier und heute hin. Und was wir aktuell beobachten können, ist ein Leben, das kopfsteht. Die lebensverachtenden Praktiken der sogenannten zivilisierten Welt demaskieren sich als eine direkte Folge der menschlichen Entwurzelung und des gottgleichen Heraustretens aus der natürlichen Ordnung. Betroffen sind wir auch als einzelne Individuen, etwa durch die steigende Orientierungslosigkeit im Leben oder durch unsere Unsicherheit im Umgang mit Fragen zu den Geschlechterverhältnissen und zur Religion in der Welt sowie unsere Unfähigkeit, bedingungslos zu lieben. Das ist kein individuelles Versagen, also kein Platz für Schuldgefühle, sondern eine kollektive Verwicklung, die sich über die Jahrtausende verselbstständigt hat, bis wir uns in uns selbst verrannt und verloren haben. Wenn wir achtsam mit uns sind, können wir den Schmerz darüber und die mehrfachen Verdrehungen im Fühlen, Denken und Handeln innerlich sogar spüren.

Lehrmeister für bedingungslose Liebe auf der Welt sind die Kinder. Sie lieben ihre Eltern auch trotz Verletzungen. Aus diesem Grund segnete Jesus Christus die Kinder und sagte über sie: »Lasst die Kinder zu mir kommen und wehret ihnen nicht; denn solchen gehört das Reich Gottes.« (Mk 10,14)

Doch statt ihnen für ihr Sosein dankbar zu sein und uns mit ihnen in Liebe und Vertrauen zu üben, erziehen und verbiegen wir sie, damit sie in unser Weltbild passen. So vergeben wir eine Chance für inneres Wachstum und beschweren dadurch die nächste Generation. In immer mehr Menschen keimt die Sehnsucht nach einer lebenswerteren Welt, in der jeder nach seiner Fasson glücklich und zufrieden werden kann. Viele suchen im Außen, doch der Kern liegt in unserem Inneren. Ein Schlüssel dorthin ist der Zugang über die eigene Weiblichkeit beziehungsweise Männlichkeit. Diese Qualitäten des Lebens positiv zu leben, ist die Basis für einen heilsamen Wandel.

Das Leben ist heilig, da es in seinem Ursprung nach lebensbejahend und nicht zerstörerisch ist. Wäre es auf Zerstörung angelegt, würde es sich selbst zuwiderhandeln, sich kannibalisieren statt mehren. Das Leben ist immer für, nie gegen sich. Was sich ändert, ist seine Gestalt, nicht sein Gehalt.

Das Rad der Transformation

Das Buch soll ein Beitrag sein, die eigene Unmündigkeit hinter sich zu lassen, sich zu verorten und Verantwortung zu übernehmen. Die Zeiten der kultivierten Opferrolle, in denen wir die Schuld auf andere, auf die Natur, auf die Umstände, auf die Zwänge geschoben haben, sind vorbei. Alles hat eine Ursache in unserem Verhalten, diese gilt es anzuerkennen und die Störfelder um uns wieder zu Kraftfeldern des Lebens zu wandeln. Noch hetzen die meisten im selbst gebauten Irrgarten menschlicher Verstrickungen hin und her; reden sich schwindelig an der Komplexität des Lebens oder berauschen sich – etwa in Talkshows vor Millionenpublikum – an sich selbst. Die moderne Welt reibt uns auf durch die gleichzeitige Über- und Unterforderung: Einerseits überfordern wir uns, weil wir falsche Erwartungen an uns selbst sowie das Leben haben und die Selbstoptimierungsfalle befeuern. Andererseits unterfordern wir uns permanent, was das Aufspüren von Sinnzusammenhängen sowie das Erkennen und Ausprobieren der Möglichkeit, Schöpfer/in des eigenen Lebens zu werden, angeht. So vergeuden wir Zeit und Energie und versäumen im Labyrinth des Lebens, den Geheimnissen nachzugehen.

Haben wir etwa schon kapituliert und aufgegeben, das Leben im Kern zu erfahren? Dabei ist das Wesentliche stets einfach: Im Ursprung gibt es nur ein klares Ja zum Leben. Diese Klarheit ist heilsam. Ein Problem zu lösen heißt, seine Ursache kennen. Das Wort deutet es schon an: Es geht dabei um nichts weniger als um die Beschäftigung mit dem Urgrund, also der männlichen und weiblichen Kräfte in der Welt, aus deren Verschmelzung neues Leben entsteht. Es ist dies keine abstrakte Überlegung, sondern eine Reise zum Mittelpunkt der Welt, die den Mensch in seiner Gesamtheit fordert, die unser Verständnis von Frau und Mann ins Wanken bringt.

Das macht uns Menschen – Frauen wie Männern – Angst. Doch da müssen wir hindurch, wenn wir dem Zusammenleben eine neue Ausrichtung und der Menschheit eine Zukunft geben wollen. Herrscht an diesem Punkt Klarheit, gehen wir jetzt direkt zur Sache, *in medias res*, und öffnen der weiblichen Kraft das Feld.

Wunder der Schöpfung

Am Anbeginn allen Seins
gebar die Ewige Mutter
den Himmel und all die Sterne.
In ihrem heiligen fruchtbaren Schoß
wuchs auch die Erde.

Möge die Große Mutter,
die die Schöpfung tanzt,
die uns mit ihrer heiligen Liebe umarmt,
die unser Leben
mit ihrer heiligen Wahrheit entzündet,
uns segnen
und mit ihrer heilenden Kraft
in die Welt senden,
um diese mit ihrer Gerechtigkeit zu füllen.

Weibliche Kraft als universelle Schöpfungskraft

In medias res heißt, sich in die Mitte der Dinge zu begeben, worin wir die Quelle des Lebens, den Ursprung allen Seins, finden. Von diesem Kraftpol geht alle Bewegung aus; hier verströmt alle Energie in einem ewigen Ausatmen. Der Pol selbst bleibt dabei in Ruhe. Symbolisch wird dieser göttliche Ruhepol seit Urzeiten als Kreis mit Nabe im Mittelpunkt dargestellt. Dieses Symbol als Abbild des Göttlichen ist vielen Menschen geläufig. Doch wer erinnert sich heute noch daran, dass dieser Mittelpunkt, das Zentrum allen Seins weiblich ist?

Im Kreis ist der Mittelpunkt strukturgebend. Er steht für das Göttliche und Urweibliche.

Der vergessene Mittelpunkt des Lebens – die Zahl 13

Wer der weiblichen Kraft auf die Spur kommen möchte, befasse sich mit dem Kreis. Der Kreis ist im weiblichen Lebenskontext ein wesentliches Element der egalitären Ordnung und Verbindung untereinander. Im Kreis ist jeder gleich gut zu sehen und gleich weit vom strukturgebenden Mittelpunkt – der Quelle – entfernt. Der Kreis ist das matriarchale Gegenstück zur Hierarchie männlicher Ordnungssysteme der Über- und Unterordnung. Der Kreis wird nicht von oben, sondern vom Mittelpunkt bestimmt und gehalten. Die Beschäftigung mit dem Mittelpunkt des Kreises führt zu grundlegenden Antworten auf der Suche nach den Geheimnissen des Lebens.

Der Mittelpunkt des Kreises ist das Zentrum urweiblicher Kraft.

Der Kreismittelpunkt lässt sich durch die Zahl 13 ausdrücken. Die Zahl 13 stand daher einst im Zentrum aller Erkenntnis. Heute führt sie ein Schattendasein und macht unübersehbar, dass wir den Mittelpunkt und damit den Ursprung des Lebens vergessen haben. Wie konnte es dazu kommen?

Als Unglückszahl wurde sie verunglimpft und es wurde, wie es scheint, mit Nachdruck an ihrem Rufmord gearbeitet. Wie sonst ist es zu erklären, dass in unserer rationalen Welt noch heute in manchen Flugzeugen die 13. Reihe fehlt oder der 13. Stock einfach nicht gezählt wird?

Genauso funktioniert Verdrängung; dies ist auch typisch dafür, dass eine unbestimmte Angst zurückbleibt. Die Zahl 13 wurde als Hexenzahl verunglimpft, und im Mittelalter bestand Lebensgefahr für alle, die sich der alten Bräuche und Zusammenhänge noch erinnerten. Um die positive Beschäftigung mit dem Geheimnis um die Zahl 13 zu verhindern, wurde ein Kult der Angst um diese Zahl gelegt. Ängste zu beschwören ist ein wirksames Mittel der Manipulation, um zu verhindern, dass sich jemals jemand wieder mit dem Verdrängten auseinandersetzt. Angst und Aberglaube betreffend die Zahl 13 befallen auch heute noch viele Menschen, auffällig häufig jene, die sich ansonsten jeder Esoterik oder Spiritualität verweigern. Offensichtlich wurde gründlich gearbeitet, um den Ursprung vergessen zu machen.

Die Spirale ist die treibende Kraft im Universum. Sie zu erinnern heißt, den Zwang zur Geradlinigkeit zugunsten der Lebendigkeit abzulösen.

Motor der Transformation

Gemäß altem mystischen Wissen, etwa aus der Kabbala, ist die Zahl 13 alles andere als eine Unglückszahl, sie ist eine ganz besondere Kraftzahl: Sie öffnet das Tor zum Himmel. Symbolisiert die Zahl 12 als starke Strukturzahl den Kreis, so wird ihre bindende Kraft von der Zahl 13, dem Kreismittelpunkt, aufgelöst. Nicht um Chaos zu erzeugen, sondern um neue Ebenen zu erschließen. Sie ist die Zahl der Transformation. Dank der 13 müssen wir nicht immer nur im Kreis laufen, sondern können Er-Lösung finden.

Als Erlöser verkörpert Jesus Christus die Zahl 13, da diese wiederum für Erlösung steht, weil sie den Kreis auflöst. Er ist die personifizierte Liebe, die ihm aus dem göttlichen Ursprung zufließt und die es ihm erlaubt, die Schuld hinwegzunehmen. Denn im Ursprung gibt es nichts als allumfassende Liebe, davon ist er beseelt. Es gibt Indizien, dass Jesus seine Weisheiten aus einer Geheimlehre der Priesterinnen seiner

Jesus verkörpert die universelle Liebe und war eins mit der weiblichen Kraft.

Zeit gewonnen hat. *Christus* bedeutet *der Gesalbte* – seine Salbung erfolgte durch Frauen. In ihm schloss sich der Kreis jedenfalls nicht, weil er die geltenden Dogmen seiner Zeit unhinterfragt beibehielt; vielmehr war es seine Öffnung für die uralten Lebensweisheiten, mit der er den Menschen auf eine höhere Ebene des Bewusstseins verhalf.

Das Christusbewusstsein steht in engem Zusammenhang zur Zahl 13. Eins mit der göttlichen Quelle verkörpert Christus die größtmögliche Transformation in Liebe, die die Grenzen von Leben und Tod überwindet und zusammenführt. Die Kraft der Zahl 13 ist die in Raum und Zeit aufgelöste Kreisbewegung, die Dynamik einer Spirale. Die Spirale wiederum ist die Dynamik des Lebens und des Universums schlechthin. Transformation, Wandel, stetige Veränderung, das sind wesentliche Charakteristika des Lebens, die durch die Zahl 13 zum Ausdruck kommen. Wie das Weibliche steht sie für den ewigen Kreislauf des Lebens.

Integrationspunkt

Die Zahl 13 finden wir auf der Erde und auch im Universum wieder – etwa in den Mondzyklen. In manchen Jahren gibt es 13 Vollmonde. 13 Tage braucht der Mond, um zum Neumond und wieder zum Vollmond zu werden, ebenso wie der Fruchtbarkeitszyklus des weiblichen Körpers für die Heranreifung und den Abtransport einer nicht befruchteten Eizelle 13 Tage benötigt. Wird die Eizelle im Eileiter befruchtet, dann wandert sie in die Gebärmutter, um sich dort zu beheimaten. Und auch hier treffen wir wieder auf die Zahl 13! Exakt 13 Tage nach der Befruchtung der Eizelle bildet sich die Nabelschnur zwischen Embryo und Mutter, als Zeichen der Verbindung und der Ankunft neuen Lebens in der Materie. Nach der Verankerung durch die Nabelschnur im Blutkreislauf der Mutter dauert es nochmals 20-mal 13 Tage, bis das Kind bereit ist, das Licht der Welt zu erblicken. Die Zahl 13 steht also für das organische menschliche Leben; sie trägt das Geheimnis des Lebens in sich.

Transformation, Wandel, zyklischer Fluss, das sind wesentliche Charakteristika des Lebens. Diese sind ihrem Wesen nach urweiblich und kristallisieren sich in der Zahl 13.

Die Zahl 13 ist also auf das Engste mit den Vorgängen im weiblichen Körper verbunden. Sie ist die Zahl des Zyklischen und damit des Weiblichen. Es wundert daher nicht, dass sie auch einen unübersehbaren Bezug zum Planeten Venus hat, wie der Naturwissenschaftler, Mathematiker und Autor Mag. Werner Johannes Neuner (*1962) in seinem Modell des *Venuscodes* etwa in seinem Buch *Die Matrix – Der Schlüssel zum Ersten Bewusstsein* ausführt. Die Venus ist der Nachbarstern der Erde. Im Laufe von acht Jahren umrundet sie 13-mal die Sonne – dabei zeichnet sie die Form eines Pentagramms. Dieser Fünfstern ist nach acht Erdenjahren und 13 Venusjahren einmal vollständig gezeichnet. Das ist bemerkenswert, denn dies sind genau die Zahlen, die nebeneinander in der Fibonacci-Folge liegen. Dieser berühmte mathematische Code ist die Basis des Goldenen Schnitts, also jener Proportionen, in deren Verhältnis sich alles Leben auf der Erde in der Materie ausbildet. Das Pentagramm der Venus gilt damit als Schutzsymbol der Erde und allen Lebens auf unserem Planeten.

Die Venus als Planet kann von der Erde aus in dreifacher Form gesehen werden: als Morgenstern, als Abendstern und für einige Wochen gar nicht. Sie ist aber auch der Name einer Göttin, die im Bewusstsein der Menschen bis heute für die Liebe steht und bisweilen als Lustobjekt herabgewürdigt wurde. In dieser Doppelfunktion zwischen Planet und göttlicher Kraft liegt der Grund verborgen, warum wir all diese zauberhaften Details über die Strukturen des Lebens nicht mehr wissen. Die Quelle des Lebens war von unserem Bewusstsein abgeschnitten.

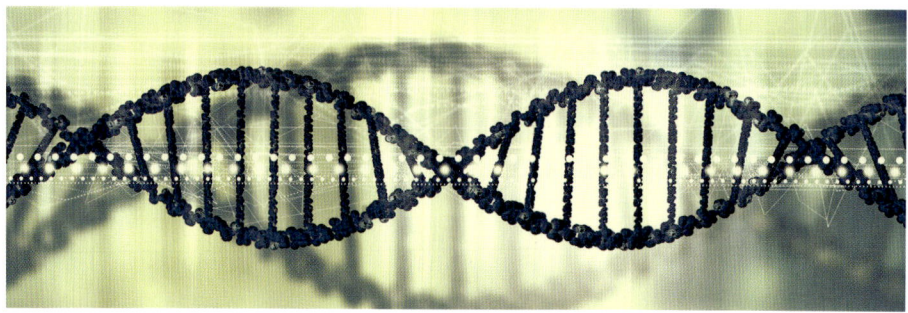

Die Doppelhelix der DNA trägt die Informationen des Lebens. Ihre Berührungspunkte in einem Tunnelexperiment ausgeleuchtet, werfen ein Pentagramm.

Der weibliche Urgrund als Quelle des Lebens

Aus den bisherigen Ausführungen erschließt sich bereits, was die Quelle des Lebens ist: Es ist der weibliche Urgrund, aus dem heraus sich alles Leben entwickelt hat. Ohne Vorwissen und spirituelle Suche erschließt sich dies allein durch eine logische Kette. Wenn jedes Lebewesen von einer Mutter geboren wurde, so geht die Reihe zurück von Mutter zu Tochter, Mutter zu Tochter, Mutter zu Tochter – immer gleich, immer anders – bis zum Ursprung des Lebens.

Die Urmutter ist die ewige Mutter allen Seins – von ihr geht alles aus und zu ihr geht alles zurück. Dazu gehört auch die Tatsache, dass alle Menschen in der embryonalen Reifungsphase der ersten sieben Wochen weiblich sind. Das Weibliche ist sozusagen das Ursprungsgeschlecht. Erst danach entscheidet ein Hormonmix im Körper der Mutter, ob sich aus dem weiblichen Urgeschlecht ein weibliches oder männliches Kind weiterentwickelt. Ihrem Ursprung nach sind also alle Menschen weiblich, wie auch die universelle Schöpfungsenergie weiblich ist. Weiblichkeit ist die Grundausrichtung des Lebens.

Im Ursprung ist das Leben weiblich: Hier entspringt Leben immer wieder neu.

Auch heute noch existieren Lebewesen, die sich rein weiblich vermehren. Das legt die Vermutung nahe, dass das Männliche am Beginn der Zeit nicht zwingend vorhanden war; ohne das Weibliche gäbe es jedenfalls kein Leben.

Die Parthenogenese (altgriechisch παρθενογένεσις parthenogenesis, von παρθένος parthenos »Jungfrau« und γένεσις genesis »Geburt«, »Entstehung«), auch Jungfernzeugung oder Jungferngeburt genannt, ist eine Form der eingeschlechtlichen Fortpflanzung. Dabei entstehen die Nachkommen aus unbefruchteten Eizellen. Das Phänomen ist zum ersten Mal von dem Schweizer Biologen und Philosophen der Aufklärung Charles Bonnet (1720–1793) beschrieben worden. Manche Pflanzen und weibliche Tiere wie beispielsweise Blattläuse und Wasserflöhe, aber auch manche Fisch- und Eidechsenarten, Schnecken sowie vier Schlangenarten können sich eingeschlechtlich fortpflanzen, das heißt ohne von einem männlichen Artgenossen befruchtet zu werden: Durch bestimmte Hormone wird der unbefruchteten Eizelle eine Befruchtungssituation »vorgespielt«, worauf diese sich zu teilen beginnt und zu einem Organismus heranreift. Der Parthenogenese kann entweder eine Meiose mit Eizellenbildung vorausgehen oder sie kann direkt über diploide Keimbahnzellen ablaufen. Bei letzterer findet keine Rekombination statt und die entstandenen Nachkommen sind Klone ihrer Mutter.

Die Welt ist lebensfeindlich geworden in dem Maße, wie das Weibliche als Urgrund allen Seins vergessen wurde.

Der weibliche Körper

Mit der Ehrfurcht und dem Respekt vor dem Wunder des Lebens hat all dies nichts zu tun. Unser Tun lässt die Ehrfurcht und den Respekt vor dem Wunder des Lebens vermissen, weil wir den Ursprung vermissen und den Zugang dorthin verloren haben. Wer ihn finden will, muss innehalten. Er verkörpert das Mysterium des Lebens und ist heilig – oder in den Worten der evangelischen Pastorin Hanna Strack (*1936), wie sie es im Interview beim Online-Kongress *Sex, Spirit & Birth* im Februar 2016 öffentlich gesagt hat: »Der weibliche Körper ist symbolwürdig für das Göttliche.« Zum Geheimnis des Weiblichen gehört es, dass in seinem Körper neues Leben wächst. Das Wunder aus sich heraus verstehen kann letztlich nur die Frau. Sie verkörperte einst das geheime Wissen und war daher nicht auf Aufzeichnungen oder Schriftstücke angewiesen. Ihre innerweltlichen Erfahrungen drückte sie in schöpferischer Kreativität aus, beispielsweise in universellen Symbolen oder tanzenden Geschichten, wie dies etwa auf Hawaii noch heute anzuschauen ist.

Der Mann war auf Beobachtung, Ableitung, Einweihung in das mystische Weltverständnis angewiesen. Vielleicht gründet hier die Tendenz der Männer, alles aufspalten, aufschneiden, zerlegen zu müssen, um des Ge-

Mit der Verhüllung des weiblichen Körpers legten sich auch Schleier über die Erkenntnis der Welt.

heimnisses Herr zu werden. Aus einer Einbildung des Mangels heraus ist der weibliche Körper ein Symbol der eigenen Unzulänglichkeit für Männer geworden. Damit einher geht eine Abwertung des weiblichen Körpers mit fatalen Folgen. Eine Abwertung des Lebens an sich als selbstverstärkender Effekt trat ein. Zeugung und Geburt sind dabei die zwei Seiten weiblicher Körperlichkeit. Werden diese Pole als Zugänge zur unmittelbaren Lebenserfahrung verbaut, kann sich Leben nur noch in seiner Umkehrung entwickeln. Denn das einst Heilige, das auf Lust und Freude, Austausch, Verbindung und Verschmelzung aus-

gerichtete Dasein wird unterbunden. Das Erleben erstarrt, muss moralisch und systemerhaltend vorinterpretiert werden. Veränderung ist dann nur noch gewaltsam möglich und verstellt das Leben als Zyklus heilsamer Wandlungsprozesse. Unter diesen Vorgaben kann Leben nur unter Schmerzen geboren werden und verstrickt sich folglich im Leid. Verhindert wird so ein freudvoller Start ins Leben wie auch das Leben als inspirierende, ekstatische, spirituelle Erfahrung, welche sich aus sich selbst heraus entfaltet. Durch die Unterbindung der weiblichen Sexualität ist der Fluss der Liebe zum Leben unterbrochen, eine Anbindung an die göttliche Erfahrung nur noch durch die Verneinung des Lebens möglich. Dieser Irrweg drängt sich unübersehbar durch die Selbstmordattentäter in unser Bewusstsein, die danach trachten, in lebensverachtender Weise dem Göttlichen näherzukommen.

Die Abwertung des weiblichen Körpers war der Beginn der Abwertung des Lebens an sich.

Die Urmutter als Quelle allen Seins

Der weibliche Körper und Sexualität waren und sind heilig, da sie neues Leben hervorbringen. Die Gebärmutter einer Frau wird zum Universum für das sich entwickelnde Leben in ihrem Bauch. Was liegt näher, als anzunehmen, dass auch das ganze Universum einst aus der Gebärmutter des Lebens geboren wurde? So wundert es nicht, dass *Gebärmutter* auf Lateinisch *Matrix* bedeutet, also die Grundstruktur des Lebens vorgibt. In der Matrix des Lebens kann sowohl ein Junge als auch ein Mädchen heranreifen. Der weibliche Körper toleriert also nicht nur das Männliche, sondern integriert es in den eigenen Körper. Die Vorstellung, eine Frau sei während der Schwangerschaft eine Göttin, ist so gesehen mehr als ein schönes Bild. Sie steht in direkter Nachfolge der Urmutter allen Seins, die sowohl männliches wie weibliches Leben hervorbringen kann.

Die Urmutter, auch Große Mutter oder Große Göttin genannt, hat viele Namen und wird seit Urzeiten auf allen Kontinenten verehrt. Sie ist reine göttliche Essenz und allumfassende Liebe, die nährende Mutterliebe. Die ewige Mutter offenbart sich in den Gesichtern der Erde, zeigt ihre Kraft und Schönheit allerorten. Sie durchdringt die Materie und belebt die Welt. Die universelle Schöpfungskraft ist die weibliche Kraft, die alles Leben hervorbringt. Am Anfang wie am Ende ist die ewige Mutter allen Seins, die Urmutter, das Alpha und Omega des Lebens. Archäologische Funde von weiblichen Figuren aus der Steinzeit bezeugen, dass das Urweibliche, das in sich den Kreislauf von Leben und Tod, Entstehen, Werden und Vergehen vereint, seit mehr als 30 000 Jahren als die Leben spendende und erhaltende Kraft im Universum betrachtet wird. Jede Lebensform stammt von ihr ab.

Die sogenannten Venusfiguren werden überall auf der Welt gefunden. Sie sind Zeichen der Präsenz des Urweiblichen in einer prähistorischen Epoche.

Die Rückführung allen Lebens auf eine Urmutter wird auch in China, einer der ältesten noch existierenden Zivilisationen der Menschheit, so gesehen. Im chinesischen Weisheitsbuch Daodejing, das um 600 v. Chr. verfasst wurde, heißt es: »Die Welt hat einen Anfang, das ist die Mutter der Welt.« Dementsprechend war zu dieser Zeit das weibliche Prinzip Yin dem männlichen Prinzip Yang vorgelagert. Es liegt nahe, dass der Daoismus – in dem die Harmonie mit der Natur und die Verbundenheit und tiefe Wertschätzung mit allen Wesen als höchste Qualitäten gewertet werden – aus der Verehrung und Weisheit der Großen Göttin, die im Chinesischen NuWa heißt, abgeleitet ist. In einer zeitgemäßen Version des Tao Te King aus dem Jahr 2003 heißt es in Vers 6: »Das Tao bezeichnet man als die Große Mutter. Leer, doch unerschöpflich, bringt es unzählige Welten hervor. Es ist immer in dir da.«

Die Vermutung liegt nahe, dass das bekannte Yin-Yang-Symbol einst den schwarzen Punkt im weißen Kreis darstellte und erst im Laufe des Patriarchats die Spaltung erfahren hat, uns seiner Wahrhaftigkeit beraubt und die Harmonie zwischen männlich-weiblich als gleiche Kräfte nur vorgaukelt. Männlich und weiblich sind gleichwertige Kräfte, im Sinne gleichgültiger Kräfte, durch deren Zusammenspiel sich Leben vollzieht.

Und doch ist die Kraft des Weiblichen vorgeordnet nicht im Sinne der Rangfolge, sondern als Grundlage allen Seins. Das Weibliche ist die treibende Kraft oder der Boden, auf dem sich Leben entwickeln kann.

Alles Leben entspringt dem Mutterschoß

Wer das Leben in seiner tiefen Dimension erfassen will, kommt nicht umhin, sich mit der Kraft des Weiblichen als form- und strukturgebendes Element zu befassen. In China existiert bis heute ein geheimes Wissen der Frauen, das im Qi Gong als *Weg der Göttin*, wie es Brigitte Gillessen (*1947) in ihrem gleichnamigen Buch für westliche Frauen zugänglich macht, seit 1200 Jahren weitergegeben wird und das sich mit der Arbeit an der Lebensenergie des Menschen und damit dessen Heil- und Ganzsein befasst. Als Göttinnengestalt hat sich in China im Laufe der Zeit und unter männlicher Dominanz – die Füße der jungen Frauen wurden jahrhundertelang abgebunden, damit sie über die Erde nicht ihre volle Kraft aufnehmen konnten – nur die weibliche Form von Buddha erhalten, die *Bodhisattva*. Sie ist die Göttin der Barmherzigkeit und alles Leben spendende Mutter. Noch heute erhält sie den meisten Zuspruch unter den Gläubigen des Mahayana-Buddhismus in Ostasien.

Die Ursilbe *Ma*, die in allen Sprachen der Welt vorkommt, steht dabei für die Urmutter allen Seins und ist weltweit die erste Silbe, die Babys von sich geben – und daher das Urwort für *Mutter*. Die Ursilbe *Ma* finden wir auch in Nepal wieder: In der Landessprache heißt etwa der höchste Berg der Welt, der Mount Everest, *Chomulung-Ma*, was so viel bedeutet wie *Mutter des Universums* oder *weiße Himmelsgöttin*. Die Einwohner Nepals empfinden es noch heute als Frevel, dass die weibliche Kraft der Natur durch die Umbenennung des heiligen Berges durch ihre Bezwinger entehrt wird. Auf diese Weise ist die Verbindung von Natur und weiblicher Schöpfungsquelle für Generationen verschüttgegangen.

Der höchste Berg der Erde ist die weiße Himmelsgöttin.

In jüngster Zeit gibt es Bestätigung für diese Sichtweise – wenn auch möglicherweise unbewusst oder göttlich geleitet – von Papst Franziskus. Er setzt sich vehement für die Heilung von Natur und Mutter Erde ein. Von ihm stammt auch der Satz: »Der Name Gottes ist Barmherzigkeit«. Das Jahr 2016 rief Papst Franziskus zum *Jahr der Barmherzigkeit* aus und öffnete damit der Urmutter das Tor in diese Welt. Losgelöst von der Frage, ob die katholische Kirche sich inzwischen selbst im Irrgarten aus überschriebenen Wegweisern zum Ursprung verrannt hat, ob sie die Zusammenhänge weiterhin gezielt missachten will oder ob Papst Franziskus sogar eine weibliche Kirche vorbereitet – das Wort Barmherzigkeit ist gut gewählt und noch immer kraftvoll, weil es mit dem Urgrund in direktem Zusammenhang steht. Wir haben dieses Wissen verloren, da es bei der Übersetzung der Bibel ins Griechische ausradiert wurde. Das Wort *Barmherzigkeit* wurde im Hebräischen und in den alten Kulturen mit dem Wort *Mutterschößigkeit*, also mit *Gebärmutter* und *Vulva* gleichgesetzt, wie Hanna Strack herausgearbeitet hat. (Quelle: Hanna Strack *Spirituelle Reise zur Gebärmutter. Entdecken – Staunen – Würdigen*). Der Schoß ist der Quell göttlicher Liebe.

Wenn der Name Gottes Barmherzigkeit ist, wie Papst Franziskus sagt, dann hat Gott einen Mutterschoß und ist urweiblich.

Die Gebärmutter beherbergt seit jeher den Glauben an das Göttliche, sie ist der Urgrund allen Seins, denn in ihr entsteht, wächst oder stirbt Leben und wird schließlich von dort aus ins eigene Leben entlassen. Barmherzigkeit ist untrennbar mit dem weiblichen Schoß und den urweiblichen Qualitäten einer Frau und Mutter verbunden. Das Weibliche steht für den heilsamen Wandel, die Naturverbundenheit – und der Frauenkörper ist daher symbolwürdig für das Göttliche (Quelle: Hanna Strack, Interview beim Online-Kongress: *Sex, Spirit & Birth*).

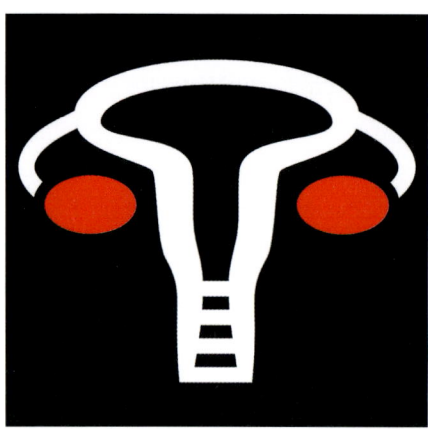

Die weiblichen Geschlechtsorgane ähneln einem Kuhkopf mit Hörnern, weshalb Hörner auch ein Attribut der Großen Göttin sind und Kühe in Indien als heilige Tiere gelten.

Der weibliche Körper und die Sexualität sind heilig, da sie neues Leben hervorbringen. Zeugung und Geburt sind die zwei Seiten der weiblichen Sexualität. Bei der Geburt wirkt die universelle Schöpfungskraft unmittelbar im weiblichen Körper und ist keine transzendente Größe, die außerhalb des Körpers oder in tiefer Meditation erfahrbar ist, sondern für Frauen mit jeder Faser ihres Körpers spürbar. Sie durchströmt die Frau bei der Geburt in ihrer Ganzheit auf allen Ebenen.

Wenn in vielen Kulturen stattdessen die Gebärmutter oder Vulva als der Ort angesehen wurde und noch immer wird, durch den der Teufel in die Welt komme und über den die Erbsünde weitergegeben werde, so zeigt das auf drastische Weise, wie weit wir uns vom Ursprung entfernt haben. Wie das Christentum so konnten auch die anderen monotheistischen Weltreligionen nur durch die systematische Abwertung der Frau ihre Ansicht über die Welt und damit ihre Glaubensrichtung und Macht durchsetzen. Die Ausgrenzung von Frauen aus führenden Positionen in den Weltreligionen ist aus

Sicht der geistlichen Klasse eindeutig damit zu begründen, dass ihnen der Platz in der Nähe der Göttlichkeit verwehrt werden musste, da sie sich sonst an die natürliche Nähe des Weiblichen zum Göttlichen erinnern würden. In der Folge kam viel Leid über die Frauen und dauert noch immer an. Aber nicht nur über sie, denn wenn der weibliche Körper und die weibliche Kraft das Tor zum Göttlichen und Paradies auf Erden sind, sind wir durch die Verkehrung der Zusammenhänge in einer lebensfeindlich gewordenen Welt alle von einem Leben in Freude, Frieden und Verbundenheit abgeschnitten.

Die weibliche Schöpfungsgeschichte

Die universelle Schöpfungskraft ist also eine durch und durch weibliche Kraft. Andrea Dechant (*1957), Malerin und Forscherin über den alten Göttinnenkult, schreibt dazu: »In nahezu allen Mythen, Religionen und Kulten wird der Schöpfungsakt, dieses Ur-Gebären entweder einer weiblichen Gottheit zugeschrieben oder einem Götterpaar. Auch unter dem uns bekannten ›Heiligen Geist‹ verstand man seit jeher eine göttliche Kraft mit eindeutig weiblichen Zügen. Personifiziert und verehrt als Sophia, die große Muttergöttin des Juden- und Christentums, welche der Welt das Licht brachte und von Ewigkeit her eingesetzt war. Sophia ist die verkörperte Frau Weisheit. Alles ist möglich in diesem Urzustand. Sophia tanzt – leicht wie die Zeit – ihren kosmischen Tanz. Ihre Schwingung ist der wilde Urknall, dem Wirbel, Bewegungen, Töne entsprangen, Räume, Zukünfte, erste Vergangenheiten. Sie erstreckt sich über das sich freudig ausdehnende All. Sie manifestierte sich aus dem Absoluten, dem Urklang und ist als dynamische Energie während des gesamten Schöpfungsaktes die treibende, die weise, die kreative Kraft. Was für ein anderes Bild der biblischen Schöpfungsgeschichte. Was für eine Lebensfreude, die daraus spricht.« (Quelle: www.flowbirthing.de, Blogbeitrag *Weibliche Schöpfungskraft* vom 24. Mai 2015).

Der weibliche Urgrund führt Vergangenheit, Gegenwart und Zukunft zusammen. Er öffnet Raum und Zeit für das Leben.

Dieser Schatz der Menschheit schien verloren, seit wir vergessen haben, an Pfingsten Sophias zu gedenken. Pfingsten ist die Feier der weiblichen Schöpfungskraft mit ihrem ganzen Ideenreichtum, der Weisheit, die von Beginn an da war. Dass wir uns dennoch daran erinnern, liegt daran, dass bei der Umschreibung die alten Symbole verwendet werden mussten, um die Menschen in ihrem alten Glauben mitzunehmen. Und da an Pfingsten symbolisch noch immer die Taube im Mittelpunkt steht, können wir nachvollziehen, dass hier eigentlich die Urmutter gefeiert wird. Die Taube ist seit jeher ein Symbol der Urmütter.

Im Volksglauben überlebt

In Europa hat sich der Glaube an die Große Göttin in der Verehrung der Mutter Maria erhalten. Mutter Maria wird meist im blauen Gewand dargestellt, eine Farbe, die ursprünglich für das Weibliche galt, bis es zur Farbe für Jungen wurde. Dass Maria in einer Linie mit der Großen Göttin steht, verrät schon die Bibel: Marias Mutter heißt Anna. *Anna* oder *Hannah* leitet sich vom iranischen Wort *hana*, Großmutter und Stammmutter, ab. Die Große Göttin wurde im gesamten mittleren Osten unter diesem Namen als Königin und Schöpferin verehrt. Sie ist es, die die Menschen seit Urzeiten liebevoll verehren und die Wunder wirkt. Auch im Islam wird die Große Göttin in Gestalt Fatimas als fiktive Tochter Mohammeds oder auch Mutter ihres Vaters verehrt. Auch ihr Name bedeutet *Schöpferin*; ist sozusagen das östliche Gegenstück zur Mutter Maria. Beide haben gemeinsam, dass sie zu sterblichen Menschen herabgestuft wurden, im Volksglauben aber bis heute ihre Kräfte beibehalten haben.

In der christlichen Welt beten Hilfe suchende Menschen vorrangig noch immer zur barmherzigen Mutter Maria. Die katholischen Wallfahrtsorte sind überwiegend der heiligen Maria gewidmet. Ob Lourdes oder Altötting – durch einen Buchstabenverdreher ist in Altötting (= Alt-Göttin) die Alte Göttin sogar noch im Namen präsent –, all diese Orte stehen auf alten heiligen Plätzen der Großen Göttin, an denen die Menschen Zuflucht im Schoß der Urmutter suchten. Die Schwarze Madonna von Altötting symbolisiert darüber hinaus in plastischer Weise die Große Göttin in ihrer dreifachen Gestalt. Auch diese Eigenschaft der Großen Göttin, die auch

In Lourdes erschien dem Mädchen eine weiße Frau: eine Beschreibung der Großen Göttin.

Dreifache Göttin genannt wird, ging im Konzept der Trinität von Vater, Sohn und Heiligem Geist auf. Die Dreieinigkeit steht ursprünglich für den Lebenszyklus aus Geburt, Leben und Tod und drückt sich auch in den Urfarben des Lebens Weiß, Rot und Schwarz aus. Die drei Farben drücken zudem den Reifungsprozess einer jeden Frau von der jungen Frau über die Mutter bis hin zur weisen Frau aus.

> *Die weibliche Kraft ist das verbindende Element zwischen den Kulturen, Nationen und Geschlechtern. Wir alle sind die Töchter und Söhne der einen Großen Mutter.*

Die Dreiteilung des Lebens und die drei Gestalten der einen Göttin finden sich in allen Kulturkreisen der Welt wieder und strukturiert das Labyrinth als Ursymbol des Lebens.

Trotz großer Verschiedenheiten der Kulturen und vermeintlich unüberbrückbaren Differenzen speist sich aus der Allgegenwärtigkeit der Urmutter allen Seins auch heute noch ihre Faszination – und darin liegt für die Zukunft ihre Integrationskraft für ein friedliches Zusammenleben aller Menschen. Außer den Grundemotionen, die bei allen Menschen weltweit gleich sind, gibt es wohl kaum noch andere Beispiele, die mit so großer Übereinstimmung über den ganzen Erdball

Die weibliche Schöpfungsgeschichte **35**

hinweg geteilt werden. Weltweit erinnern sich dieser Tage Frauen wieder an ihre gemeinsame Kultur.

Die Beschäftigung mit dem *weiblichen Urgrund allen Seins* ist für viele Menschen schwer verdauliche Kost. Zu groß ist die Angst vor einer notwendigen Veränderung der eigenen Weltsicht. Es ist ein äußerst schmerzlicher Vorgang, sich eingestehen zu müssen, dass unsere kulturelle Identität, alles, was wir über das Leben zu wissen glaubten und für selbstverständlich hielten, von Menschen erdacht wurde und keinen tieferen Wahrheitsanspruch hat. Doch durch dieses Nadelöhr müssen wir gehen! Denn wie wollen wir eine Veränderung der zerstörerischen Weltordnung erreichen, wenn wir nicht ganz grundlegend zu akzeptieren lernen, woher wir kommen und wer wir sind? Voraussetzung für ein selbstzufriedenes Leben ist die Kenntnis der eigenen Wurzeln. Verweigern wir dem Kind die Wahrheit über die Vaterschaft, halten wir dies zu Recht für eine Menschenrechtsverletzung. Dasselbe gilt in größerem Maßstab für die Wurzeln der Menschheit. Es geht nicht darum festzulegen, ob Gott nun männlich oder weiblich ist, das werden wir auf Erden wohl nie klären können. Doch geht es darum anzuerkennen, dass das Leben, das uns umgibt, weiblichen Ursprungs ist. Unser Mut für diese Sichtweise wird belohnt mit einer ungeahnten Freude und Leichtigkeit. Die Freiheit, einfach zu sein, geht Hand in Hand mit dem Vertrauen auf die weibliche Kraft.

Wer das Leben verstehen will und in Harmonie mit allem, was uns umgibt, leben will, braucht Verständnis für die weiblichen Qualitäten, die noch heute das Geheimnis des Lebens ins sich tragen. Die Deutung mag ungewohnt sein, die Sachlage erdrückend. Akzeptanz ist unbestritten die Vorbedingung für jede Veränderung im Leben. Nur daraus erwachsen die Stärke und das Vertrauen, welche für den Wandel notwendig sind. Im Übrigen ist Akzeptanz eine positive männliche Kraft, wie wir noch erfahren werden, und Wandel das Urprinzip des Weiblichen. Gemeinsam kann es uns also gelingen, das Rad der Geschichte in eine positive Richtung weiterzudrehen. Beim kollektiven Aspekt der weiblichen Kraft geht es genau darum: das Rad weiterzudrehen, um das Urweibliche als lebensfördernde Kraft aufsteigen zu lassen. Das Leben hat die Kraft, sich immer wieder neu zu gebären.

Gebäre, Frau

Gebäre, Frau,
noch einmal die uralten Regeln
von Leben und Tod,
den ewigen Wandel im heiligen Maß.

Nähre, Frau,
sei reiche Quelle
für alle Kinder der Erde.

Heile, Frau,
die uralte Wunde.
Folge den Müttern.
Verbinde dich mit den Schwestern.
Lehre die Töchter
die heiligen Gebote allmütterlicher Macht.

Ordne, Frau,
noch einmal die menschliche Gemeinschaft,
dass sie wieder gedeihe
aus der Kraft der heiligen Kreise.

Kehre heim, Frau,
als vollmächtige Tochter
der All-Einen Mutter
mit ihrer Kraft, das Leben zu schützen.

Tritt ein, Frau,
in dich:
in deine Angst und deinen Mut,
in deine Schwäche und deine Kraft,
in deinen Zorn und deine Lust.

Lebe deine ureigene Wahrheit, Frau,
und umarme den uralten Schmerz,
der jetzt in einer jeden wohnt.

Verschlungene Wege
führen dich in die Tiefe deines Herzens,
in den Schoß der Erde,
zur Quelle heiligster Kraft,
ans ewige Feuer weiblicher Wildheit,
Weisheit und Lust.

Tanzt,
Frauen,
dass aus unserer verbundenen Kraft
die Heilung geschieht.

Wiederentdeckung nach Jahrtausenden der Vergessenheit

Der Zusammenhang zwischen *weiblich*, *lebendig* und *göttlich* gehört zu den bestgehüteten Geheimnissen der Welt. Zerschlagen in Einzelteile und vergraben, waren die Puzzleteile der Verbindung in den letzten Jahrhunderten schwer zu finden. Frauen, die dafür am ehesten sensibilisiert gewesen wären, waren vom Herrschaftswissen und der Beteiligung an Religion, Politik, Kunst und Medizin ausgeschlossen. Das ist es, was es so schwer machte: Mit jeder Verdrehung der ursprünglichen, sinnstiftenden Zusammenhänge wurde der Urgrund verschwommener. Weitere, unvorhergesehene Irrwege und Verwicklungen kamen hinzu und machten das Dickicht immer undurchdringlicher. Für diese in Gang gekommene Negativspirale fehlte uns bisher der Aus-Schalter beziehungsweise das Ausstiegsszenario. Jetzt haben wir die weibliche Kraft entdeckt und können die Menschheit auf ein neues Level heben.

Die weibliche Kraft ist das fehlende Puzzleteil, nach dem sich alles in der ursprünglichen Ordnung sortieren und ausrichten lässt.

*Der uralte und zukunftweisende Dreiklang des Lebens:
weiblich, lebendig, göttlich.*

Vieles vom ursprünglichen Weisheitswissen über die Geheimnisse des Lebens ist im Chaos der Jahrtausende wohl für immer verloren gegangen. Doch es gibt einen Anker: Seit jeher kommt durch Frauen das Leben in die Welt. In einer natürlichen Geburt erkennen wir auch heute noch die heiligen, das heißt die lebensfördernden Prinzipien des Lebens. Diese ursprüngliche Lebenserfahrung wird Frauen seit Jahrhunderten versucht zu erschweren. Wie in einer Gesellschaft mit Schwangerschaft und Geburt umgegangen wurde und wird, spiegelt in eindrücklicher Weise das geltende Weltbild und die Geisteshaltung der jeweiligen Zeiten. Geburten stellen sich inzwischen alles andere als natürlich dar, sondern sind kulturell und vom geltenden Herrschaftsgefüge überformt.

Im Laufe der Zeit hat sich das Bild von Natürlichkeit und Ursprünglichkeit verschoben, bis es zum Zerrbild der ursprünglichen Ordnung wurde und nun nicht nur in der Geburtsmedizin, sondern in weiten Teilen unseres Lebens so viele Widersprüche und Spannungen erzeugt. Ein Leben jenseits der Einbindung in den natürlichen Kontext und jenseits des Einklangs mit den Kräften von Mutter Erde produziert unlösbare Unstimmigkeiten im Fühlen, Denken und Handeln. Das Ergebnis sind konkurrierende Ziele, die uns beständig antreiben und auspowern lassen. Die Mitte als ursprünglicher Kraftpol ist verrutscht. Dieses Weggleiten führen viele auf die Komplexität des Lebens beziehungsweise der modernen Welt mit der Globalisierung zurück, dabei ist das Leben in seinem Ursprung immer einfach. Es gibt nur ein klares Ja zum Leben. Ohne dieses Ja mit Herz und Verstand vollzieht sich keine Geburt auf natürlichem Weg. Das Wesentliche ist einfach und wird daher gerne übersehen: Aber so wie wir geboren werden, so leben wir auch. Statt in Liebe, Freude und Wertschätzung für das Wunder der Geburt, erblicken wir unter Schmerzen, in Angst und oftmals in übergriffiger, wenig würdevoller Weise das Licht der Welt. Eine Geburtserfahrung prägt immer auch die nächste Generation – meist belastend.

Die weibliche Kraft bringt Wandel und Erkenntnis

Wir leben in einer Zeit, in der nun die ersten übermalten Stellen der künstlichen Welt abplatzen und die alte Struktur zum Vorschein kommt. Das System sprengt sich gerade von innen heraus. Die Unterdrückung und Ausblendung der weiblichen Natur ging mit der Ausbeutung von Mutter Erde einher. Nicht zum Wohle aller aus dem, was ist, schöpfen, sondern erschaffen und sich über die Gesetze des Lebens erheben, ohne die Folgen der Hybris einer optimierten Welt im Ansatz zu überblicken. Ein Prozess, der darin gipfelt, die gesamte Natur zur Sache erklärt zu haben. Der Mensch hat sich außerhalb des natürlichen Kontexts gestellt und ist infolgedessen nicht mehr in der Lage, verbundene, das heißt für Generationen wertvolle Entscheidungen zu treffen. Ohne Verwurzelung entwickelt sich ein zerstörerisches System mit verheerender Eigendynamik bis zum finalen Kollaps der Menschheit.

Wenn kein Umdenken eintritt, berauben wir uns unserer Lebensgrundlage. Mutter Erde wird es auch ohne Menschen geben.

Daher können wir heute klarer erkennen: Wenn sich Leben derzeit allerorten in seiner lebensverachtenden Form darstellt, leben wir noch immer in einer Welt der Verachtung des Weiblichen. Dies festzuhalten bedeutet nicht, alle Männer zu Tätern oder gar »Schuldigen« erklären zu wollen; es zeigt vielmehr, wie weit wir uns vom weiblichen Ursprung entfernt haben und unter welchem Druck die Menschen stehen, das verdrehte System aufrechtzuerhalten. Befreien wir die weibliche Kraft, befreien wir Frauen wie Männer und es darf sich der Knoten von Hass, Gewalt, Leid, Angst, Machtmissbrauch, Unterwerfung, Ausbeutung lösen. Noch müssen zu viele Frauen wie Männer leiden: Weltweit ist noch immer jede dritte Frau von Gewalt, Ausbeutung, sexuellen Übergriffen und Unterdrückung betroffen. Auch in Deutschland erleidet jede vierte Frau dieses Schicksal. Größtenteils kommen die Peiniger aus dem häuslichen Umfeld der Frauen und Mädchen. Die Gefahr lauert zu Hause im täglichen Miteinander und wird eben nicht durch den übergriffigen Fremden ausgeübt.

Unser Kontinent leitet seinen Namen vom männlichen Mythos der vergewaltigten Königstochter ab und verstellt den Blick auf Europa als Göttin einer matriarchalen Gesellschaft auf Kreta.

Gewalt ist ein Bumerang, der die Männer selbst trifft und schwächt. Denn auch sie verdanken ihr Leben einer Frau, die es in einer nicht entstellten Weise zu ehren und zu lieben gilt. Dieser Irrsinn ist nur zu verstehen, wenn wir die Angst der Männer vor der Rückkehr der weiblichen Kraft und damit den Kontroll- und Machtverlust einbeziehen. Anders ist nicht zu erklären, warum Frauen nach Jahrtausenden der Herrschaft des Mannes über die Frau noch immer so missachtet und klein gehalten werden. Es scheint, als ob die Unterdrückung in den Ländern der arabischen Welt am größten ist, da die Frauen dort noch am stärksten in ihrer ursprünglichen Weiblichkeit verhaftet sind. Durch die Verbote im Außen hat sich die weibliche Kraft im Inneren kultiviert. Vielleicht werden einst die unterdrückten Frauen der Motor sein, der die weibliche Kraft in die Welt zurückbringt.

Europa ist die weitblickende Göttin einer uralten Kultur. Sie zu erinnern, heißt Raum geben für wahre Schwesterlich- und Brüderlichkeit.

Arabische Frauen als Hüterinnen der Weiblichkeit und als Chance für die Menschheit?

Die Frauen der arabischen Welt achten und ehren ihre Weiblichkeit als einen besonderen Schatz, auf den sie stolz sind. Die noch immer andauernde Furcht lässt uns jedenfalls erahnen, wie groß die weibliche Kraft und Macht einst gewesen sein mag. Zudem sind die Männer längst selbst Opfer der Geister geworden, die sie riefen. Die Rückblenden in die Vergangenheit sind notwendig, um die Not zu wenden. Wir hören auf zu verdrängen, sondern schauen hin. Es soll helfen, die alten Vorstellungen leichter loslassen zu können und die Ausgestaltung eines neuen beziehungsweise uralten Weltbildes anzukurbeln.

Das Zusammenleben der Menschen in seiner vorherrschenden männlichen Prägung, wie wir es kennen, dauert erst circa 5000 Jahre an. Wenn wir davon ausgehen, dass die vorangegangenen 70 000 Jahre der Menschheitsgeschichte wohl urweiblich geprägt waren, ist dies eine vergleichsweise kurze Periode. Wann genau und warum der Umschwung kam, ist unklar. Die Dominanz des Männlichen entwickelte sich durch die Abspaltung vom Weiblichen und führte in der Folge zur Unterwerfung der Frauen. Eine tiefe Trennlinie zwischen den Geschlechtern, Menschen, Völkern, Religionen und unsere Welt der Polaritäten, wie wir sie heute kennen, nahm in der Loslösung vom urweiblichen Prinzip ihren Anfang. Zum Machterhalt wurden die uralten weiblichen, spirituellen Erfahrungswelten, die das Leben in seiner Ganzheit bejahen und integrieren, im Lauf der Geschichte immer wieder überschrieben. Ein kurzer Rückblick anhand einiger, natürlich nicht umfassender, aber dennoch vielsagender Beispiele soll zeigen, wie sich die Menschheit durch die Verleumdung der weiblichen, universellen Schöpfungskraft immer mehr vom Ursprung entfernt hat. Die Rückblenden dienen dazu, vom Kopf wieder auf die Füße zu kommen und damit die Anbindung an unsere Wurzeln zu vollziehen.

Die goldene Zeit als eine Ära weiblicher Kraft

Kaum jemand weiß heute, dass die Urvergangenheit des Menschen – also der Zeitraum bis vor circa 40 000 Jahren – keineswegs so primitiv war, wie wir gemeinhin glauben. Archäologische Funde bestätigen, dass es eine Zeit kulturellen, spirituellen Reichtums gab. Gerade auch Funde aus der jüngeren Urvergangenheit legen die Vermutung nahe, dass es sich um eine sehr lange Epoche der Menschen gehandelt hat, die von Frieden, Gemeinschaft und in ritueller Verbundenheit mit der Natur geprägt war. Führende ForscherInnen gehen heute davon aus, dass es sich um matriarchale Kulturen mit Müttern im Zentrum gehandelt hat. Alle Menschen waren Töchter und Söhne der einen Mutter, daher lebten sie in egalitären Gemeinschaften, was sich auch heute noch archäologisch aus den Gruppenbestattungen der Steinzeit bestätigen lässt. Das Mutterrecht und die Rückführung auf eine Urmutter fördert ein Leben in Gemeinschaft, Wertschätzung für das Leben und Frieden sowie Lebensfreude, da es im Einklang mit den natürlichen Gesetzen des Lebens steht.

Welche große Rolle das Weibliche in der Urzeit der Menschen spielte, lässt sich noch heute aus den Zeugnissen der Steinzeit von vor etwa 40 000 bis 10 000 Jahren ablesen. Überall auf der Welt werden mütterliche Frauenkörper aus Ton oder Holz gefunden. Seit es immer mehr weibliche Archäologinnen gibt, die aus einem weiblichen Verständnis und Erkenntnisinteresse heraus andere Fragen stellen und Zusammenhänge erkennen, verdichten sich die Zeichen, dass die Stein- und Holzfiguren und die Wandmalereien der Steinzeit eben nicht nur Tierabbildungen, sondern insbesondere eine Vielzahl an weiblichen Symbolen und Körpern zeigen. Die Erziehungswissenschaftlerin und Frauenforscherin Gabriele Pröll (*1959) schreibt dazu in ihrem Buch Das Geheimnis der Menstruation – Kraft und Weisheit des Mondzyklus: »Die Farbe Rot spielte bei Malereien und bei der Bearbeitung von Figuren und Gefäßen eine große Rolle. Rote Erde, die berühmte Ockerfarbe, wurde für Höhlenmalereien und zur Ausschmückung von Tempeln, die der Muttergöttin geweiht waren, verwendet. Viele Darstellungen, vor allem von Händen und Vulvas, wurden mit roter Farbe gemalt (...). Da in der Nähe der Fundorte oft weit und breit keine rote Erde zu finden ist, nehmen Forscherinnen an, dass das Menstrualblut als Farbstoff diente. All die Funde deuten darauf hin, dass es einen starken Zusammenhang von weiblichem Geschlecht, Fruchtbarkeit und Menstruation mit Göttlichkeit gegeben hat. Die Vorgänge im Körper der Frau waren für die Menschen wesentliche Grundlage ihrer Welterfahrung.«

Da in den Höhlen Abdrücke kleinerer Hände gefunden wurden, wird vermutet, dass die Höhlenmalereien von Müttern stammen (Höhle in Argentinien).

Männer hingegen wurden kaum abgebildet. Dies sagt nichts über das Verhältnis von Mann und Frau in der Urzeit aus, aber vieles darüber, dass die Frau als Abbild der Großen Göttin, der die Geheimnisse des Lebens innewohnten, eine zentrale Rolle in der Gemeinschaft der Urzeitmenschen hatte. Die Urfrau jedenfalls war hoch angesehen als Lebensspenderin, Nährende, Heilende, Mittlerin zwischen den Welten. Spiritualität und Alltag waren nicht voneinander getrennt. Nichts Spektakuläres, Abgehobenes oder Vergeistigtes lag darin. Alles war ein und dieselbe Erfahrung, die wir schlicht *Leben* nennen und das Wahrnehmungsspektrum des Menschen erweiterte. Alles war bedeutsam und beseelt, das heißt lebendig. Die Gebärerfahrungen ließen sie überfließen in Erkenntnisse über das Leben.

> *Spiritualität und Dasein sind aus urweiblicher Sicht ein und dieselbe Erfahrung, die wir schlicht »Leben« nennen.*

Im Geburtsverlauf kristallisiert sich die Essenz des Lebens auf der Erde. Im Mittelpunkt steht die Anbindung an die weibliche Kraft, aus der alles Leben hervorgeht, denn ohne sie kann Geburt auf natürlichem Weg nicht gelingen. Ohne ein klares Ja zum Leben, zu dem was war, ist und werden wird, kann sich diese Kraft nicht ungehindert entfalten und beschützend wirken. Ohne dieses Bekenntnis zum Leben, zu Liebe und Vertrauen kann kein Leben geboren werden und kann sich infolgedessen kein Leben gesund entwickeln oder nach Krankheit und Trauma wieder heilen. Geburt fordert ein Sich-Öffnen, und während der Geburt wird jede Frau zu einem hochsensitiven Wesen. Diese Offenheit führt zu Offenbarungen, die das soziale Miteinander damals prägten. Die mystisch-magischen Fähigkeiten von einst werden heute spirituelle Intelligenz genannt. Damit ist nichts anderes gemeint als die »Fähigkeit, Entscheidungen und Handlungen ›weise‹ zu vollziehen«, wie Anne Heintze (*1960, Gründerin der OpenMind-Akademie) in ihrem Buch *Außergewöhnlich normal* ausführt.

> *Offenheit ist eine Grundbedingung des Lebens: Nur im offenen Zustand kommt neues Leben auf die Welt. Offenheit führt zu Offenbarungen des Lebens.*

Höhlen als Kraftorte

Höhlen wurden als Öffnungen der Erde erkannt und sind daher keine primitiven Behausungen, sondern wurden bewusst ausgewählt, da sie den Urschoß, aus dem alles Leben immer wieder aufs Neue hervorgeht, verkörperten. In Bayern kennt man auch heute noch die sogenannten *Schratzellöcher*, unterirdische Höhlengänge, die man mit Wichteln in Verbindung brachte und deren Durchkriechen Heilung und Neugeburt bringen sollte. Es ist sehr wahrscheinlich, dass diese Höhlen einst als heilige Orte von Frauen genutzt wurden. Höhlen galten als sakrale Räume, in denen dem Zyklus des Lebens gehuldigt wurde; als Kraftplätze, um darin in Kontakt mit der Großen Göttin zu kommen und sich einweihen zu lassen in die Essenz des Seins, um das Dunkel in sich aufzunehmen und bereit zu werden für die Wiedergeburt des Lichts auf der Erde. Das Innere der Höhle als Kultstätte für spirituelle Erfahrungen, als Ort, an dem ein Mensch die Urerfahrung der Geborgenheit im Urschoß von Mutter Erde machen kann. Als heiliger Ort für Heilung, Geburten und Feste, Leben und Tod, für das große Ganze. Überall auf der Welt finden sich Höhlen, die bereits durch ihre äußere Erscheinung darauf aufmerksam machen, dass es sich hier um Kultplätze von Frauen handelt. In manchen Höhlen fallen besondere Sitzplätze auf, Throne oder Gebärstühle. Viele Höhlen haben die Form einer Vulva oder Gebärmutter. Sie sind eindeutig mit dem Mütterglauben verbunden, und auch heute noch erinnern Märchen an den Höhlenkult.

Als Öffnungen von Mutter Erde sind Höhlen Orte der Offenbarung und weltweite Kultplätze. Aufgrund der Ähnlichkeit vieler Felsspalten mit der Vulva einer Frau sind Höhlen urweibliche Kraftorte.

Doch warum sind uns Höhlen als Kraftplätze nicht mehr präsent? Wir wissen bereits, dass die oberirdischen Kraftplätze mit Gotteshäusern verbaut wurden. Statt der Kraft wird hier seither dem Leid und dem Schmerz gehuldigt. Das seit Urzeiten bekannte mütterliche Kreuz der Kraft, das gleichschenklige Kreuz als Symbol von Mutter Erde, wurde aus dem Gleichgewicht gebracht und zum Kreuz des Leidens umfunktioniert, an das Jesus Christus genagelt wurde. Gleichsam als Warnung an alle, die sich wie Jesus für die mütterliche Liebe aussprechen und an ihr festhalten. Die unterirdischen Kraftplätze wurden jedenfalls auch besetzt, indem sie emotional verbaut wurden. Hier zog die Hölle ein. Dabei ist interessant, dass auch dies nur durch Umschreibung der ursprünglichen Quelle möglich war. Das Wort Hölle leitet sich vom englischen Wort hell ab, welches wiederum auf die Muttergöttin Hel zurückgeht. Hel ist die nordisch-germanische Göttin der Unterwelt und des Totenreiches. Wie alle Muttergöttinnen ist sie ebenso die Göttin der Fruchtbarkeit, der Geburt, die Mutter allen Lebens und eben auch die Göttin der Unterwelt und des Todes. In früheren Vorstellungen war die Hölle nichts anderes als die heilige Höhle der Wiedergeburt und ein gebärmutterartiger heiliger Hügel. Denn das Wort *hel* ist etymologisch sowohl mit den Begriffen *all/alles*, als auch mit *heil/heilig* verwandt, wie Andrea Dechant herausgefunden hat (siehe auch www.artedea.net).

Um die Menschen vom heidnischen Glauben abzubringen und die eigene Macht durchzusetzen, wurde die Gebärmutter, der Quell allen Lebens, zu dem Ort, durch den der Teufel in die Welt kam. Die Erbsünde ist ein Konzept, das in der Folge entstand. Auf Eva geht die Erbsünde zurück. Eva heißt *Leben*, und somit ist Eva als erste Frau die Mutter alles Lebendigen. Die verzerrten Anschauungen über Eva brachten äußerst viel Leid über die Frauen und auch über die Menschheit, denn seither sind wir vom Tor des Himmels und vom Himmel auf Erden abgeschnitten. Der Auszug aus dem Paradies ist hierfür das Beispiel. *Hel* und *Hölle* in ihren Reinformen leiten uns an, den Tod ohne Angst, sondern ganz natürlich als Bestandteil des Lebens einzubeziehen.

Durch die Verbindung von Leben und Tod, statt Ausgrenzung und Verdrängung, öffnen sich unsere Augen und der Blick auf das, worum es im Leben wirklich geht: Wollen wir in jedem Moment – egal, was wir gerade denken, sagen oder tun – dem Leben förderlich sein? Wollen wir damit unsere Lebensenergie, unsere Gefühle, Sehnsüchte, Wünsche und Lebensziele ein Stück mehr gebären – oder sterben lassen? Vermutlich ist dies am Ende des Lebens auch die entscheidende Frage, die uns zur Antwort führt, ob wir ein gesegnetes und erfülltes Leben geführt haben. Da die heiligen Höhlen aus Angst vor der Hölle verbarrikadiert wurden, waren wir von dieser grundlegenden Lebenserkenntnis so lange abgeschnitten, und unzähligen Menschen wurde der Tod als heilige Erfahrung erschwert. Gleiches gilt in unserer Zeit auch für die Geburt. Beides – Geburt und Tod – sind die großen Transformationsprozesse im Leben eines Menschen. Es sind heilige Momente, in denen die Transzendenz des Lebens, also das Gerichtetsein auf etwas jenseits unserer persönlichen Erfahrungswelt, unübersehbar wird. Wir tun jedoch derzeit alles dafür, dass uns dieser Blick durch ein unwürdiges Sterben und Gebären verstellt wird. All dies ist auch eine Folge der massiven Umschreibung der ursprünglichen Zusammenhänge und der Verdrängung des Weiblichen aus unserer Kultur.

Die weibliche Kraft befähigt uns, die wesentliche Frage des Lebens zu stellen: Fördern wir mit unserem Denken, Fühlen und Tun in jedem Moment das Leben?

Das Ende der weiblichen Kulturen als Zeit dominanter Männlichkeit

Die größte Stärke des Weiblichen wurde im Lauf der Geschichte auch zu ihrem größten Schwach- und Angriffspunkt. Leben zu schenken wurde mit zunehmender Dominanz des Männlichen und der Unterdrückung der weiblichen Kraft tatsächlich zur Lebensbedrohung für Frauen. Gebaren sie in Urzeiten – wie etwa heute noch natürliche Geburten bei Naturvölkern oder auch Stellen im Alten Testament (die Helen Wessel in ihrem Buch *The Joy* of *Natural Childbirth: Natural Childbirth and the Christian Family* herausgearbeitet hat) bezeugen – unkompliziert und leicht, so wurden die Geburten durch die geänderte Geisteshaltung immer beschwerlicher.

Im Geiste der Herrschaft des Mannes sind folgende Bibelstellen zu verstehen wie etwa Gen 3,16: »Und zum Weibe sprach er: Ich will dir viel Mühsal schaffen, wenn du schwanger wirst; du sollst mit Schmerzen Kinder gebären. Und dein Verlangen soll nach deinem Manne sein, und er soll dein Herr sein.«

All diese Dogmen und rituellen Vorschriften führten Frauen aus ihrem Kraftfeld der schwesterlichen Gemeinschaft. Frauen waren jeden Monat sieben Tage unrein und sie mussten sich nach jeder Geburt einer rituellen Reinigung unterziehen. Nach der Geburt eines Sohnes war die Mutter für 40 Tage unrein, bei einer Tochter für 80 Tage (Lev 12,1–8). Nach all den Jahrhunderten der Verleugnung der eigenen Kraft kamen Frauen irgendwann an den Punkt, dass sie das Gesagte selbst glaubten, sich unrein und unwürdig fühlten und ihre Gebärfähigkeit als Strafe Gottes oder eine Ungerechtigkeit der Natur ansahen. Dabei ist es doch gerade die Gebärfähigkeit, die Frauen einst in den Rang von Göttinnen erhob und auch heute noch eine Auszeichnung des Weiblichen darstellt, auch wenn wir inzwischen natürlich wissen, dass zur Zeugung eines neuen Lebens Frau und Mann gehören.

Dennoch bleibt die Tatsache, dass sich Leben nur im Bauch einer Frau entwickeln kann und durch ihren Körper geboren wird. Die pränatalen Erfahrungen im Körper der Mutter und bei der Geburt prägen die Seele des Kindes und stellen die Weichen für das ganze Leben. Die Mutter wird für das Baby im Bauch zum Universum. Demnach ist es mehr als »der kleine Unterschied«, der Frau und Mann voneinander unterscheidet. Es ist des Pudels Kern, an dem sich der unselige Kampf der Geschlechter entzündet hat.

Unsere Vorstellung vom Muttersein ist derart entstellt und verdreht, dass Muttersein auch heute von vielen emanzipierten Frauen als Schwäche angesehen wird und sie deshalb alles dafür tun, nicht *in die Falle zu tappen*. Im Bestreben, sich zu beweisen, versuchen sie, alles perfekt zu machen, ziehen sich den Schuh der Mehrfachbelastung an, überholen sich dabei selbst und verlieren den Zugang zu ihren Kraftreserven – obwohl sie ihre Würde und Kraft durch das Muttersein spüren. Der Zusammenhang zwischen Gebärfähigkeit und Muttersein sowie die natürliche Autorität und Kraft der Weiblichkeit wurde im Feminismus lange Zeit übergangen, aus Angst, in alten Rollenbildern stecken zu bleiben, ohne zu merken, dass damit die weibliche Kraft langfristig geschwächt wird. Denn die natürliche Macht des Weiblichen, an die jede Frau qua Frausein angebunden ist, speist sich aus der erhabenen Fähigkeit, Leben schenken zu können.

Den Männern im Alten Ägypten war der Umstand, nicht Leben gebären zu können, jedenfalls noch als Makel bewusst. In jene Zeit, vor rund 5000 Jahren, fällt wohl der Beginn der systematischen Umschreibung der weiblichen Urvergangenheit: Pharaonen ließen sich als Männer mit dicken Schwangeren-Bäuchen darstellen, um so ihre Gottähnlichkeit zum Ausdruck zu bringen.

Sie schlossen sich an den ewigen Zyklus an, indem sie das Blut, gemeint Menstruationsblut der Isis, zu sich nahmen. Das Trinken von Blut in Form von Wein als Zeichen der *Wandlung* hat bis in die heutige Zeit als zentrale kultische Handlung im katholischen Gottesdienst überdauert. In der Wandlung werden Brot und Wein in der priesterlichen Vergegenwärtigung zu Leib und Blut Christi als Symbol für das ewige Leben. Das ewige Leben verleibten sich auch die Pharaonen in Form des göttlichen Blutes ein, für welches das Hieroglyphenzeichen *die Schlinge* steht, welches wiederum als Symbol der Vulva einer Frau gedeutet werden kann. Dieses Symbol findet sich auch oben auf dem bekannten Symbol *Kreuz des Lebens* oder *Anch-Kreuz*. Die rote Schlinge steht für das weibliche Genital und das Tor zum Himmel.

Das Anch-Kreuz ist das Machtsymbol des Alten Ägypten. Die Schlinge steht für die Vulva und ist das Tor zum Himmel. Daraus wurde das Zeichen für Frau.

Erschaffen statt schöpfen

Da Männer nicht wie Frauen aus sich heraus Schöpfer neuen Lebens sein konnten, betonten sie ihre körperliche und geistige Schaffenskraft. Erschaffen und Monumente hinterlassen, das war ihre Art zu demonstrieren, dass sie den Leben spendenden Frauen ebenbürtig waren, ja diese in ihrer Strahlkraft sogar noch überragten, denn sie hinterließen Bauten für die Ewigkeit und durchbrachen damit das Gesetz des fortschreitenden Wandels allen Lebens.

Die Pharaonen lösten sich daher auch von den alten Göttinnen, die allesamt einen Bezug zum Mond hatten. Der Mond symbolisiert den Zyklus des Lebens, der sich im Zyklus der Frau widerspiegelt. Da Männern dieser Raum verwehrt ist, lösten sie den Mond als Ursprung allen Lebens ab und setzten an seinen Platz die Sonne. Der Sonnengott Re wurde nun verehrt, und die Monumente der Zeit wurden so errichtet, dass sich die Pharaonen als Herrscher der Sonne präsentieren konnten. Zeigt sich die weibliche Mondkraft nur im Verborgenen, konnte die Sonnenkraft am Tag für jeden sichtbar erstrahlen. In der Sonne wächst die Nahrung, die Zeit ist an ihrem Lauf abzulesen, sie wärmt und kräftigt, und sie gibt den Takt von Tag und Nacht vor. All diese Beobachtungen im Außen ließen sich gut als Gerüst für den Machtanspruch der Sonne beziehungsweise des Männlichen nutzen. Und obwohl die Bedeutung der Sonne für das Leben auf der Erde natürlich auch heute noch unbestritten ist, so ging durch die Ausgrenzung und fortschreitende Einseitigkeit doch der innere tiefere Zusammenhang des Lebens verloren, also dessen, was die Welt in ihrem Inneren zusammenhält.

Sonne, Mond und Erde bilden eine kraftvolle Einheit für das Leben. Werden sie getrennt und eine Kraft ausgeschlossen oder überbetont, gerät das Leben aus der Balance.

Warum es zu diesem Übergang von der Nacht- auf die Tag-Fixiertheit genau kam, ist bisher nicht bekannt. Zu lange waren männliche Wissenschaftler auf dem Auge der weiblichen Urvergangenheit und der Umdeutung der weiblichen Macht im Alten Ägypten blind. Überdauert aus dieser Zeit haben das Symbol der Mondsichel oder auch die Hörner als Zeichen der Mondkraft. Interessanterweise wird auch Maria häufig auf einer Mondsichel sitzend dargestellt und dadurch ihre Verbindung zur Großen Mutter allen Seins bewahrt.

Dass sich im Alten Ägypten die Zeiten gewandelt haben, ist unübersehbar. Die Pyramiden lösten den magischen Kreis des Lebens ab; fortan dominierte in der Symbolik das nach oben gerichtete Dreieck. Die gegengleich ineinandergesteckten Dreiecke waren bis dahin ein Symbol für die Integrationskraft des Weiblichen und damit ein Zeichen der Urmutter gewesen. Nach dem Machtwechsel wurde das Einheitssymbol in zwei Dreiecke gespalten: Das nach oben gerichtete Dreieck wurde gleich einem Phallus zum Symbol für das Männliche, das nach oben zum Göttlichen strebt; für das Weibliche blieb das untere Dreieck in Analogie zur nach unten zulaufenden Gebärmutter. Ähnlich dem Yin-Yang-Zeichen kam es auch hier zur Spaltung von männlich und weiblich in zwei Teile, die zwar noch zusammenpassten, aber ihres Integrationspunkts beraubt wurden. Männlich und weiblich sind zwei ineinanderpassende Ausformungen des Ganzen, die im urweiblichen Lebenskontext und Ursprung ihre Verbindung für die Ewigkeit finden.

Hathor ist die letzte umfassende Verkörperung der Großen Mutter, die Leben aus sich selbst gebar. Als Allmutter trägt sie Hörner und die Kugel als Zeichen der Integration von Mond und Sonne – weiblich und männlich.

Waffen statt Symbolik

Ab der Kupfersteinzeit, also ab 3500 v. Chr., lassen sich bei der Untersuchung von Herrschergräbern in Mitteleuropa erste Spuren von Gewalt feststellen. Die Kupferzeit ist der jüngste Abschnitt der Jungsteinzeit, in der der Mensch Metall als Rohstoff zur Herstellung von Geräten, Schmuck und auch Waffen entdeckt hatte. Archäologen gehen davon aus, dass an der Spitze der Völker der Kupferzeit Krieger standen. Den Herrschern dieser Zeit war offensichtlich klar: Sie konnten ihre Macht nur sichern, indem sie ihre Herrschaft mit Gewalt durchsetzten. Sie wandten Mittel an, die zwar der Erde entsprangen, die aber nicht absichtslos geschöpft, sondern gezielt geschaffen wurden, das Leben und damit die Frauen zu beherrschen. Mit Waffen als Machtinstrument in der Hand definierten sie ihre eigenen Spielregeln und setzten die Regeln des Lebens außer Kraft. Herrschaft sollte nicht mehr auf natürlicher Macht, sondern auf Status, Unterdrückung und der Vorspiegelung falscher Tatsachen beruhen. Vertrauen in das Geborgensein der natürlichen Ordnung trat in den Hintergrund aus Angst vor Machtverlust, vor Widersachern, vor der göttlichen Strafe. Mit der Angst waren niederen Motiven wie Rachsucht, Kränkung, Minderwertigkeit Tür und Tor geöffnet.

Phallus statt Vulva

Der Phalluskult wie auch das heutige Statusdenken und Festhalten am Materiellen versucht der natürlichen, weiblichen Kraft des heilsamen Wandels im Fluss des Lebens etwas entgegenzusetzen. Weitere Widerstände erwachsen daraus. Zur Kompensation und auch, um sich der eigenen Größe immer wieder klar zu werden, entstand die Fixierung auf den Penis, der als äußerlich markantes Geschlechtszeichen gut als Statussymbol zu verwenden war. Der Phalluskult löste die Verehrung der Vulva ab, die als Eingang zur Pforte des Lebens und Trägerin der Geheimnisse des Lebens weltweit bewundert wurde. Durch die Zurschaustellung des erigierten Penis, der äußerlich zu Wachstum und Wandel fähig ist, konnte so gut die Vorstellung einer Omnipotenz des Männlichen in den Kult hineininterpretiert und weltliche Macht demonstriert werden. Frauen konnten der geänderten Kultur, die mehr auf Schein denn auf Sein aufgebaut war, äußerlich nur ihre Anmut und Schönheit entgegensetzen. Die Kraft des Weiblichen liegt in ihren inneren Werten. Gemeint sind nicht die inneren Werte einer Frau, sondern ihr Wert für das Leben an sich. Ihr verborgener Schatz im Inneren, die Gebärmutter – ein Raum, der innen und außen miteinander verbindet. Hier liegt der Zugang zur weiblichen Macht.

Wie gewaltvoll der Wechsel des Kultes von Vulva auf Penis gewesen sein mag, zeigt sich auch heute noch an der Angst von Frauen, ihre Weiblichkeit natürlich zu leben und die Schönheit des weiblichen Körpers in all seiner Vielfalt zu zelebrieren. Dies gipfelt im Trend der Schamlippenkorrektur, bei der sich Frauen ohne medizinische Veranlassung im Intimbereich operieren lassen, um dem männlichen Schönheitsideal, vermittelt durch die Pornoindustrie, zu entsprechen. Der Wunsch, zu gefallen und dem Ideal einer Zeit zu entsprechen, führt Frauen in die Fremdbestimmung und Selbstverleugnung, verschafft der Mode- und Schönheitsindustrie hingegen jährlich Milliardenumsätze.

Erlaubt ist die Zurschaustellung der weiblichen Strahlkraft noch heute den Divas im Showgeschäft oder auf Miss-Wahlen. Doch die Anbetungswürdigkeit einer Frau liegt in ihrem Inneren: Ihre weibliche Kraft liegt verborgen in ihrem Schoß und lässt sich nur schwer zur Schau stellen. Gerade in Deutschland werden Frauen gerne noch auf den Thron gesetzt. Hierzulande sind Königinnen immer noch sehr gefragt. Es gibt eine ganze Armada von ihnen: Weinkönigin, Bierkönigin, Heidekönigin, Kartoffelkönigin … und viele mehr. Von Gnaden einer meist männlichen Jury werden sie auf Tauglichkeit getestet und auserwählt – in völliger Unwissenheit, warum ihre Nähe auch heute noch hochgeschätzt wird: Sie verkörpern das Weisheitswissen der Erde, verbinden das Erzeugnis (z. B. Bier oder Wein) mit der göttlichen Quelle und stellen es durch ihre Anbindung als Mittlerin einer höheren Ordnung unter Schutz. Auch andere Wirtschaftsgüter wie Autos verkaufen sich besser im Glanz der Weiblichkeit. Die überbetonte Nacktheit, die das werbliche Schauspiel ziert, lässt

Was ist von der weiblichen Kraft geblieben?
Aussehen wie eine Göttin, statt selbst eine zu sein.

»Sex sells«, weil der weibliche Körper dem künstlichen Objekt Leben einhaucht.

Feministinnen erschaudern. Zu Recht, denn etwas zutiefst Würdevolles wird schamlos instrumentalisiert.

Tritt man einen Schritt zurück, wird offenbar, dass es der weibliche Körper ist, der dem seelenlosen Produkt Leben und Würde verleiht. Das Problem ist also nicht die Nacktheit, sondern dass wir um die Zusammenhänge nicht mehr wissen. Statt selbst-bewusst im Wissen um die weibliche Macht den rechten Platz einzunehmen, werden Frauen zur Staffage und noch schlimmer: Frauen geraten untereinander darüber in Streit. Dabei spricht nichts gegen nackte Frauen am Auto, solange sie nicht nur schmückendes Beiwerk sind, sondern alle – vor allem die agierenden Models – anerkennen, dass sie die Veranstaltung durch ihre Anwesenheit ehren. Wenn Frauen dort in diesem Bewusstsein auftreten, gewinnen sie ihre Macht zurück. Dann könnten sie auch ganz nackt in Erscheinung treten – denn sie wären schlagartig nicht mehr erniedrigt, sondern voller Würde.

Der Blick hinter die Schleier hat also auch die Kraft, bisher unversöhnliche Standpunkte der Frauen zu versöhnen, die ja beide für die Freiheit der Frauen eintreten, die einen, um die Frauen zu befreien, und die anderen, um Stärke aus der körperlichen Freizügigkeit für sich zu ziehen, also beides starke, weibliche Positionen.

Sex statt heilige Sexualität

Ähnliches würde auch für die Prostitution gelten, wenn dieses Thema wieder kraftvoll und lebensbejahend losgelöst von Grabenkämpfen beleuchtet werden könnte. Was spricht eigentlich dagegen, heilige Tempel der Lust aufzubauen, in denen Männer die Wertschätzung und den würdevollen Umgang mit dem heiligen Frauenkörper lernen könnten, sodass sie die Lust ihrer erwachten Frau wieder wahrhaft stillen könnten? Die vielen jungen Männer, die heute mit ihrer Sexualität überfordert sind und sie schlimmstenfalls sogar als Waffe gegen Frauen einsetzen, könnten so von erfahrenen Frauen in der Kunst der Liebe unterrichtet werden und den Zauber und die Schönheit der Sexualität erfahren. Den Wert heiliger Sexualität könnten sie dann ein Leben lang ehren. Die sexuelle Kraft könnte so für alle positiv kanalisiert werden. Sexualität ist eine heilige Handlung, wie das in den Kultstätten der Göttin Isis von den Hohen Priesterinnen im Alten Ägypten etwa auch noch mit vollem Respekt dem Leben gegenüber praktiziert wurde. Was spricht also gegen heilige Tempel der Lust, in denen die Heiligkeit der Sexualität zelebriert wird? Der Weg dorthin scheint weit: Noch leben wir in Zeiten der Zwangsprostitution und der Ausbeutung des weiblichen Körpers. Dies zeigt, wie weit wir von einem lebensbejahenden, heiligen Leben abgekommen sind.

Heilige Sexualität drückt die Verehrung des Lebens durch das Begehren aus.

Die Entstehung der Weltreligionen als eine Zeit der Umdeutung der weiblichen Kraft

Schön wie eine Göttin, das sind Frauen aufgrund ihrer Anmut, die sich aus der Anbindung an die weibliche Urquelle speist. Ausstrahlung hat nicht unbedingt etwas mit körperlicher Schönheit zu tun. Die Verehrung des weiblichen Körpers als Abbild der Großen Mutter gehörte in Urzeiten zum Alltag. Männliche Göttergestalten finden sich erst ab circa 3000 v. Chr. (Quelle: Doris Wolf *Der Kampf gegen Weisheit und Macht der matriarchalen Urkultur Ägyptens*). Ab diesem Zeitpunkt wurde die Große Göttin mit ihrem umfassenden Zugang zu den höchsten Prinzipien des Lebens sukzessive herabgewürdigt sowie in viele kleine Göttinnen zerstückelt und vermenschlicht – bis sie zu Gespielinnen der Götter degradiert oder sogar dämonisiert wurde. Das Weibliche wird schmückendes Beispiel statt sinnstiftendes Element.

> *Der Glaube an die Urmutter wurde von den Vatergöttern erst zerschlagen und im Laufe der Geschichte historisch unterschlagen.*

Historisch lässt sich nachvollziehen, dass zur Zeit der Sumerer die Göttin *Inanna* die höchste Gottheit war. Sie war noch mit allen Aspekten der Großen Mutter ausgestattet. Ihre Nachfolgerin, die babylonisch-assyrische Himmelskönigin *Istar*, wurde bereits auf zwei Aspekte – nämlich *Liebes- und Todesgöttin* – reduziert. Inanna wurde später in Assyrien als *Astarte*, schließlich im ägäischen Raum auch als *Aphrodite* verehrt. Im Christentum soll sie *Anna*, der Mutter von Maria, entsprechen. Durch die Vermischung mit männlichen Göttern entstand bis in die Antike ein ganzer Himmel an Göttern und Göttinnen. Die einzelnen Göttinnen weisen noch heute auf die einstige innere Wesenseinheit hin, da sie alle Charakteristika des urweiblichen Prinzips verkörpern und so immer noch Zeugnis des einen weiblichen höchsten Wesens abgeben. Alle Göttinnen gehen auf die Große Göttin zurück und verweisen auf ihre Attribute als Himmels- und Erdenmutter.

Hohepriesterinnen werden instrumentalisiert

Die Popularität von *Inanna* und damit die Anbindung an das urweibliche Prinzip war in der Zeit um 3000 v. Chr. noch groß. Obwohl die Männer schon längst die weltliche Macht übernommen hatten, behielten die Frauen im mächtigen Bereich der Religion eine zentrale Stellung: Nur durch die kultische, heilige Hochzeit des Königs mit einer Hohepriesterin als Vertreterin der Göttin auf Erden erlangte dieser seine Macht. Der Kult hielt sich bis ins Mittelalter hinein, wo der König vor seiner Thronbesteigung stets vorab von einer weisen Frau bestätigt werden musste. Die Auswahl des Königs wurde durch einen Kuss der weisen Frau besiegelt: In diesem Moment ging die weibliche Kraft und Macht auf den König über.

Dieser Ritus der Rückbindung an den Ursprung wurde abgelöst beziehungsweise verfremdet, indem sich die Könige selbst ermächtigten, sich von Gottes Gnaden einsetzen ließen und im Namen Gottes viel Leid über die Menschen brachten. Welche Bedeutung der Machtübertragung ein Kuss von der Frau auf den Mann hat, wissen heute höchstens noch Prostituierte, die normalerweise einen Kuss mit einem Freier verweigern. Aber nicht aus Gründen des Ekels oder der Intimitätsverletzung, sondern weil sie dem Freier sonst ihre Lebenskraft und Macht einhauchen würden. *Heilige* und *Hure*, das ist eine Begrenzung des Weiblichen, die unwürdig ist.

Warum lässt Gott all das Elend zu?
Weil Menschen diesen Gott in Abgrenzung zum
urweiblichen, förderlichen Lebenskontext erschaffen haben.

Vulva als Tor zur Schöpfung wird verschleiert

Das Weibliche wurde sogar nach Einzug der monotheistischen Religionen noch verehrt. So wie sich in Norwegen noch heute heidnische Götter an den Gotteshäusern finden, so wurde in der Frühzeit der monotheistischen Religionen noch das unverwechselbare Emblem der Göttin verwendet: Eine Vulva befand sich am Eingang der Gotteshäuser und wurde beim Betreten von den Menschen zum Segen berührt.

Verehrung der Vulva als Schoß des Lebens und Ursprung der Welt – auch in Europa

Von links nach rechts: Sheela-na-Gig an der Church of St Mary and St David in Kilpeck, Herefordshire, Irland; Château de Caen, Normandie, Frankreich; Colegiata de Cervatos, Kantabrien, Spanien; Basilika St. Materne, Walcourt, Belgien

Als Sheela-na-Gig oder Sheelas werden Steinreliefs weiblicher Figuren bezeichnet, die eine stilisierte Vulva zur Schau stellen. Sheelas gab es auf der ganzen Welt. Fast alle (140) der heute noch erhaltenen sind in Irland bzw. vereinzelt in England zu finden, und zwar zum größten Teil noch an ihren Originalplätzen, also an den Außenwänden von Kirchen und Burgen. Irland wurde erst im Jahrhundert von den Anglo-Normannen erobert und stand auch bis ins 12. Jahrhundert nicht unter dem Einfluss von Rom. Es ist wahrscheinlich, dass erst die Reform der irischen Kirche das Ende der Sheelas bedeutete.
Es wird vermutet, dass die Sheelas im 11. Jahrhundert über die iberische Halbinsel nach Europa kamen. Es finden sich auch in Kontinentaleuropa an Burgen und Kirchen des Mittelalters ähnliche Figuren.

Im Laufe der Zeit wurde das Symbol zum *Fischauge Gottes* umgedeutet und vom Eingang entfernt. Das Fischzeichen ist in der Lehre Jesu eine wichtige Symbolik. Es steht für das Reich Gottes und gleichzeitig für den weiblichen Ursprung allen Seins. Interessanterweise findet sich der Zusammenhang auch im Islam, einer als frauenfeindlich wahrgenommenen Religion. Millionen Menschen pilgern noch heute jedes Jahr zum islamischen Heiligtum der Kaaba in Mekka, um den heiligen Stein zu umwandern und zu berühren.

Er ist im islamischen Verständnis der Ausgangspunkt der Schöpfung.

Die deutsche Autorin und Kulturwissenschaftlerin Mithu Melanie Sanyal (*1971), die über die Kulturgeschichte des weiblichen Genitals promovierte, führt in ihrem Buch *Vulva. Die Enthüllung des unsichtbaren Geschlechts* aus, dass der heilige Stein in Mekka die Form einer Vulva hat. Ursprünglich war der schwarze Meteorit der Kaaba ein Ort gewesen, an dem die Mondgöttin verehrt wurde. Die Priester dort werden heute noch »Söhne der Alten Frau« genannt. Wenn die weibliche Sexualität und der weibliche Körper einst verehrt und nun unterdrückt werden, versiegt auch der Fluss der Liebe zum Leben.

Der schwarze Kultstein in Mekka hat die Form einer Vulva.

Der Mutterglauben war in Ägypten und bei Sumererinnen stark. Daher hielten sich im Islam auch lange heilige Kultstätten in der Natur. Und es war Brauch, die Eingangspforten des Hauses den Frauen zu weihen und sie rot zu bestreichen.

Parallelen zeigen sich auch im Alten Testament. Salomon, der im 10. Jahrhundert v. Chr. der dritte König von Israel war, soll der Göttin *Inanna* beziehungsweise *Astarte* gehuldigt haben (Quelle: Klaus Mailahn *Die Göttin des Christentums: Maria Magdalena – Das Geheimnis der Gefährtin Jesu*). Ausgrabungen belegen eine Verehrung der *Astarte* bereits um 1750 v. Chr.; ihre Tempel in Syrien, Libanon und Israel wurden erst um 300 n. Chr. geschlossen. Kultstätten der Astarte, der Himmelsmutter, waren Ölhaine und Apfelbäume, Symbole des Lebens, der Erkenntnis und Liebe. Gut möglich, dass Salomon das uralte, weibliche Weisheitswissen mit zahlreichen weisen Frauen in seinem Königreich am Leben erhalten und aus einem weiblichen Machtpool schöpfen wollte. Hier gründet sich auch die völlig entstellte Sitte des *Harems* als Frauengemeinschaft, in dem sich die Macht und Bedeutung eines Königs oder Mannes an der Anzahl seiner

Frauen ableiten lässt. Dass es Salomon nicht um die Ausbeutung von Frauen ging, sondern um den Erhalt der alten Kultur, lässt sich daran ablesen, dass er Kulthöhlen zu Ehren der Göttin Astarte östlich von Jerusalem weihen ließ.

Salomon als Hüter weiblicher Macht wird zum Vater des Satanismus

Der Besuch der Königin von Saba, der damals mächtigsten Frau der Welt, ist wohl ebenfalls als Kontrollbesuch zu sehen, ob König Salomon wirklich im Besitz des weiblichen Geheimwissens war. Dafür spricht auch eine weitere absurde Verdrehung im Lauf der Geschichte: Auch die Satanisten berufen sich auf Salomon. Dieser sei mit dem Teufel im Bunde gewesen und habe daher seine magischen Fähigkeiten erlangt (Quelle: Koran 34,12–14).

Es mag wohl stimmen, dass Salomon im Besitz magischer Fähigkeiten gewesen war. Doch diese waren natürlich und nicht dämonisch und entsprangen, wie das Morphem Ma im Wort Ma-gie und Ma-cht verrät, aus der Verbindung mit der urweiblichen Quelle. Ma steht weltweit als Ursilbe für den weiblichen Ursprung allen Seins. Das Weibliche schöpft seine magische Kraft aus der Gebärerfahrung, die es überfließen lässt in ein grenzenloses Verständnis von Leben, das sich jeder Begrenzung entzieht und daher frei wird für die Phänomene, die sich unserer beschränkten Alltagssicht entziehen. Alle Gebärenden befinden sich, lässt man sie natürlich und in Ruhe gebären, in einer Art Trancezustand, der ihre Wahrnehmung und Sinne sensibilisiert.

Die Magie wohnt dem Leben inne und ist vollkommen natürlich. Das Leben ist voller Wunder.

Das Urweibliche ist wild, frei und lässt sich nicht begrenzen. Es folgt seinen ureigenen Regeln. Es fließt in allem, was ist. Wer sich für diese Wahrheit öffnet, erlangt ein höheres Bewusstsein und infolgedessen mehren sich auch die übersinnlichen Fähigkeiten. Das hat nichts Schwarz-Magisches, sondern ist dem Leben innewohnend. In der Natur und im Leben ist alles möglich. Nach der Umdeutung der Hölle haben wir hier nun einen zweiten Ansatzpunkt für die Gleichsetzung von Teufel und Weiblichem. Im Hexenhammer des Mittelalters, welcher der Inquisition als Grundlage der Hexenverfolgung diente, findet die Entwicklung ihren tragischen Höhepunkt, indem Frauen systematisch als Gespielinnen des Teufels dargestellt und entehrt wurden, um sie als abschreckendes Beispiel töten zu können.

Gott mit Brüsten wird verschwiegen

Erhellend sind in diesem Zusammenhang auch die Ursprünge *Jahwes*. Nicht nur Salomon, auch die frühen Hebräer hatten noch ein tief greifendes Verständnis von der Beziehung zum Göttlich-Weiblichen. In ihrem Buch *Das Matriarchat im Alten Israel* führte Gerda Weiler (1921–1994, deutsche Matriarchatsforscherin, Psychologin und Pädagogin) aus, dass *Jahwe* für die Verschmelzung der beiden Götter El und Shaddai steht. Werden beide Wörter einzeln übersetzt, tritt Erhellendes zutage: *El = Gott* und *Shaddai = Frauenbrust oder Berg*. *El Shaddai* heißt also wörtlich übersetzt *Gott mit Brüsten*.

Auch in der Bibel findet sich in Jakobs Segensspruch in Gen 49,25 ein Hinweis darauf, wenn er richtig übersetzt wird, wie dies Klaus Mailahn (*1961) in seinem Buch *Die Göttin des Christentums: Maria Magdalena* tut: »El Shaddai, die euch segnet (...) mit dem Segen von Brüsten und Schoß.« Erinnern wir uns: Die Urmutter ist eine allumfassende Lebenskraft. Sie war die Allmächtige, die All-Eine, die Schöpferin des Lebens. Auch wenn in der Bibel und in Lexika nur die Übersetzung »allmächtiger Gott« zu finden ist und es schwer zu glauben sein mag, die Götterfigur, die Abraham, Isaak und Jakob erschien und die sich auch Moses offenbarte, war wohl die Göttin *El Shaddai*.

Dass vermutlich auch Moses von der Urmutter geleitet wurde, verdeutlicht die berühmt gewordene Bibelstelle der ehernen Schlange, von der im *Tanach* beziehungsweise im Alten Testament (Num 21,6–9) erzählt wird. Bei ihrer Wanderung durch die Wüste verloren die Israeliten nach gewisser Zeit das Vertrauen in ihre Rettung und wurden daraufhin von giftigen Schlangen gebissen. Moses soll als Gegenmittel einen Stab mit einer darum gewundenen Schlange aufgestellt haben: Wer gebissen wurde und zur ehernen Schlange aufschaute, wurde geheilt und durfte weiterleben. Die Israeliten wurden nach ihrem Auszug aus Ägypten also geprüft, ob sie noch fest in ihrem Glauben an die Große Göttin waren. Die Schlange ist seit jeher das

Symbol für das Urweibliche und für die Heilung, wie später noch genauer ausgeführt werden wird.

Die Schlange als Symbol der weiblichen Kraft wird entehrt

Die Göttinnen-Attribute wurden zu Beginn der patriarchalen Zeit vor ca. 5000 Jahren, wie die Psychologin und Forscherin Dr. Doris Wolf zur Urgeschichte in ihrem Buch *Der Kampf gegen Weisheit und Macht der matriarchalen Urkultur Ägyptens* die ersten Spuren des zerstörerischen Patriarchats nachweist, sicher noch klar verstanden und waren für die männliche Elite und erstmals auftretende männliche Priesterkaste eine Provokation. In diesem Kontext ist wohl auch eine weitere Bibelstelle zu verstehen, die beschreibt, wie die Statue der ehernen Schlange als Götzenbild zerstört wurde, obwohl die Heilung in der Wüste als Wunder erinnert wird.

Die Verbindung zwischen Schlange und weiblicher Kraft und Göttlichkeit sollte nicht mehr sichtbar sein. Das könnte auch erklären, warum ihr wahrer Name nicht ausgesprochen werden durfte und in Jahwe geheim gehalten werden musste; in einer Zeit, in der der Mutterglaube aus Gründen weltlicher Macht zerschlagen werden sollte, war dies schlicht zu gefährlich.

Es ist gut möglich, dass die frühen Hebräer nicht wegen ihres Eingottglaubens von den ägyptischen Herrschern unterdrückt wurden, sondern weil sie am Mutterglauben festhielten. Dafür spricht auch, dass der jüdische Glaube immer noch nur über die Mutter weitergegeben wird und auch die Geheimlehre der Kabbala, eine uralte Zahlenmystik, aus dem uralten Weisheitswissen der Frauen entspringt. Geheimlehren waren ganz allgemein Zusammenstellungen und Zusammenkünfte, die das uralte Wissen aus einer spirituell weiblich geprägten Zeit beleuchteten. Die *Rose am Kreuz*, Symbol des Rosenkreuzer-Ordens, steht – versteckt – für das weiblich Göttliche. Ob die Nachfahren der männlichen Geheimbünde dies noch wissen und Frauen deshalb ausgrenzen oder sinnentstellt mit dem alten Wissen umgehen, bleibt ihr Geheimnis.

Die monotheistischen Weltreligionen konnten nur durch die systematische Abwertung der Frau ihre Ansicht über die Welt und damit ihre Glaubensrichtung und Macht durchsetzen.

Spirituelle Deutungsmacht wird Frauen entzogen

Es muss nicht immer nur in den Koran geschaut und die Frauenfeindlichkeit des Islam bemüht werden – auch in der Bibel wimmelt es von Stellen der Herabwürdigung von Frauen. Es kann wohl davon ausgegangen werden, dass die heiligen Schriften, die weibliches Weisheitswissen und Urspiritualität in eine Form zu pressen versuchten, um damit andere manipulieren zu können, durch einen fehlgeleiteten männlichen Geist bewusst oder unbewusst missinterpretiert wurden. Die Botschaft dahinter ist eigentlich eine andere. Viele Stellen sind geschrieben, um die Frauen in ihrem Verhalten zu reglementieren, Fehlverhalten zu stigmatisieren und vor allem um ihren Männern klarzumachen, dass es ihre Aufgabe sei, die Frauen unter Kontrolle zu bringen. Denn freiwillig haben sich die Frauen nicht unter das Joch gestellt.

Wie wirkungsvoll das System ist, können wir noch heute in den patriarchalen Gesellschaften erkennen. Sie arbeiten mit dem Begriff der Ehre. An diesem Wort wird ein Mann gemessen, ob er sich gegenüber den Frauen durchsetzen kann. Das nicht zu lösende Dilemma daran: Die Ehre, die er durchsetzen soll, hängt vom Verhalten

Die Unterdrückung der Frau hat weltweit ein Ziel: die weibliche Kraft als Quell des Lebens und natürlicher Macht zu zerschlagen.

der Frauen ab. Lassen sich die Männer auf den Deal ein und erliegen der Verlockung, das Oberhaupt der Familie zu sein, haben sie schon verloren. Sie zementieren ihre Unterlegenheit. Denn Männer machen sich in diesem Spiel abhängig vom Verhalten der Frauen. Sie müssen ein Spiel spielen, dessen Verlauf sie niemals kontrollieren können und daher immer in Gefahr sind, zu verlieren: die Ehre der Familie, ihre Frauen und Töchter, ihren Selbstwert. Lassen sie sich darauf ein, sind sie automatisch vom Vertrauen und der Liebe abgeschnitten, die ein Leben tragen und heiligen. Aus dem Gefühl der Abgeschnittenheit und Unterlegenheit heraus müssen sie auf ein System der Angst, Einschüchterung und Gewalt setzen, um irgendeine Chance zu haben, die Ehre der Familie zu erhalten. Dies liegt eben nicht ursprünglich in ihrer Kraft, sondern bei den Frauen. In diesem Kampf gibt es nur Verlierer, und das Leben in seiner Schönheit bleibt auf der Strecke. Auch hier lässt sich erkennen, dass das vermeintlich Böse, das Leid und der Schmerz durch die Abwertung des Weiblichen entstanden sind.

Die Antike als eine Zeit der Festschreibung männlicher Macht

In die Zeit des Altertums, also der Zeit des antiken Griechenlands und des römischen Reiches (je nach Abgrenzung ab dem 12. oder 8. Jh. v. Chr. bis ca. 600 n. Chr.), fällt der erste mythologische Muttermord. Im babylonischen Weltschöpfungsepos *Enuma Elish*, das etwa 1100 v. Chr. verfasst wurde, tötet *Marduk*, ein Jugendlicher und somit Mann einer neuen Generation, *Tiamat*, die Mutter aller Götter, um selbst König der Götter zu werden. Der Heldengott, der Opfer fordert und eine Blutlache hinter sich herzieht, ward geboren. Von da an wurden Frauen und Mütter Freiwild – mit dem Hintergedanken, ihnen die Göttlichkeit abzusprechen. Kirsten Armbruster (*1956, in Kairo aufgewachsene Naturwissenschaftlerin und Patriarchatskritikerin), ordnet das Geschehen in ihrem Buch *Matrifokalität – Mütter im Zentrum. Ein Plädoyer für die Natur* folgendermaßen ein: »Helfershelfer für diesen göttlichen

Muttermord sind die in vielen Kulturen verbreiteten Drachentöter, wie der babylonische Gott Marduk, der griechische Gott Apollon oder auch der christliche Michael, Georg oder Patrick. Die Drachenschlange, die sie töten, steht für das Töten von Gott, der Mutter und das Vergessenmachen der Matrifokalität, die ihre Verwandtschafts- und Ahninnenlinie auf der roten Mutternabelschnur begründet, im Patriarchat aber durch eine väterliche Abstammung ersetzt werden soll und damit zerschlagen werden musste. Im Patriarchat ist die Mutter nur noch die Dienerin des Herrn, die seine Herrlichkeit vervollkommnet.« Die Mutter wird zum nachrangigen Teil.

Die Schlange ist Symbol für die weibliche Kraft und der Drachen als große Schlange Symbol für die Allmutter.

Drachentöter zeugen von männlicher Machtbeanspruchung und sind Mahnmale für Frauen, am weiblichen Weisheitswissen und der Großen Mutter festzuhalten.

Einer dieser Helfershelfer in unserem Kulturkreis war der griechische Gott *Apollon*. Ihm wurde das damals größte Heiligtum zugesprochen: *Delphi*, der Nabel der antiken Welt, war eine Kultstätte, in der sich die Menschen von einer Priesterin oder weisen Frau weissagen ließen. *Pythia* wird beim Weissagen auf einem Dreisitz dargestellt, was ihre Verbindung zur dreifachen Muttergöttin symbolisiert. Ihre Visionen und ihren Namen erhielt sie von der Schlange *Python*, die dem Heiligtum seine Kraft schenkte. Delphi war ein geheiligter Ort, was schon sein Name, der übersetzt *Gebärmutter* bedeutet, verrät.

Die Schlange ist seit jeher Symbol der weiblichen Kraft. Sie steht für die Spirale, die Nabelschnur, die Wellen des Meeres und ist das Zeichen der *Kundalini*, jener Kraft im menschlichen Körper, die den Menschen energetisch mit dem Kosmos verbindet. Die Schlange steht für das weibliche Weisheitswissen, das intuitive Heilwissen und hellsichtige Fähigkeiten. Die Schlangenkraft entspringt direkt der weiblichen Quelle, der *Yoni* einer Frau, wie eine Holzreplik aus Südindien festhält, und ist daher eins mit der göttlichen Mutter allen Seins«.

Auch im bis heute gültigen Zeichen der Ärzteschaft und Pharmazie finden wir die Schlange wieder: Der *Äskulapstab* zeigt einen Stab mit einer Schlange. Ursprünglich war es der Stab des *Äskulap*, gemäß griechischer Mythologie der Gott der Heilkunst. In der Antike machten sich Männer daran, das tradierte Heilwissen der Frauen zu systematisieren und aufzuschreiben. Interessanterweise hielten sie sich aus dem Bereich der Geburtshilfe zuerst respektvoll heraus. Sie beschrieben lediglich ihre Beobachtungen, wonach sich die Kräfte der Frauen am besten entwickelten, wenn man die Frauen in Ruhe ließe und sie im Kreis anderer Frauen bei sich sein konnten. Was einst eine Selbstverständlichkeit war, mutet uns heute wie der Aufbruch in eine neue Geburtskultur an. Die Wende kam mit Hippokrates von Kos (um circa 460–370 v. Chr.), dem berühmtesten Arzt des Altertums, der den ersten Hebammenunterricht gab und sich aufschwang, das uralte weibliche Weisheitswissen Frauen in einer Schule weiterzugeben. »Die ursprünglich im Spirituellen, Göttlichen wurzelnde, alles umfassende Heilkunst degeneriert zur zerteilenden Wissenschaft vom Körper«, so interpretiert der bildende Künstler, Dozent und Atemtherapeut Johannes Walter den Veränderungsprozess. Es ist nur schlüssig, dass die Ärzteschaft dieses Symbol wählte, um sich die Übernahme des Wissens in die Riege der Männer für immer zu sichern. Es war eine gewaltvolle Aneignung von Wissen, das dem Weiblichen *aus dem Bauch geschnitten* wurde: Äskulap war der Sohn des Apollon, der per Bauchschnitt von Hermes gerettet werden musste, nachdem die Zwillingsschwester von Apollon, Artemis, eine Verkörperung der Großen Göttin, die schwangere Mutter tötete, nachdem diese – bereits schwanger mit dem Sohn des Apollon – mit einem Sterblichen geschlafen hatte.

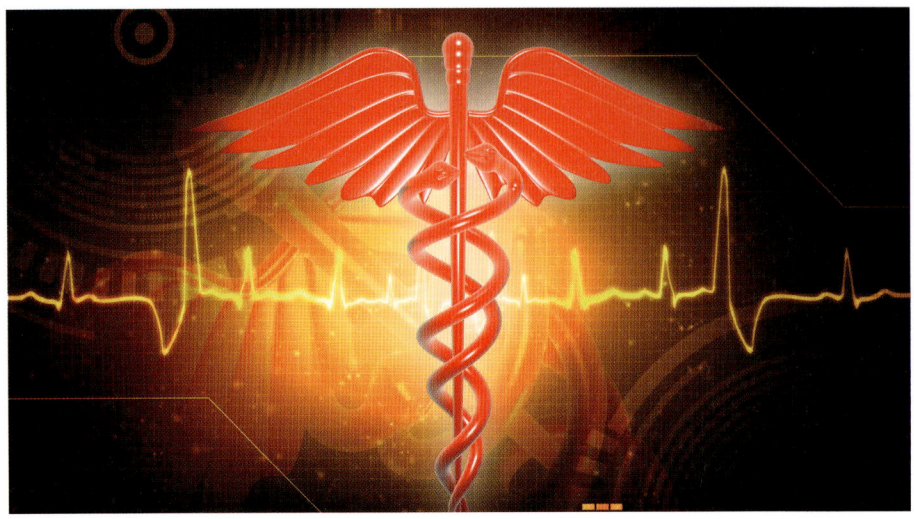

Im Äskulapstab wird die »eherne Schlange« und das göttliche Symbol dienstbar gemacht in der Vorstellung, sich die Kräfte der Heilung anzueignen.

Der Gott der Heilkunst, auf den sich die Ärzte berufen, verdankt sein Leben also einem Bauchschnitt und der doppelten Verfehlung des Weiblichen. Dieser Mythos legitimiert die Aneignung weiblichen Weisheitswissens und bricht dabei Dämme zwischen den Geschlechtern. Der Bauchschnitt wird zum männlichen Triumph über das gescheiterte Weibliche und durchsticht damit die natürliche Bindung von Mutter und Kind, auf der die Macht des Weiblichen bislang beruhte. Dank hochtechnisierter Geburtsmedizin (in Notfällen ein Segen) sind wir heute oftmals nicht mehr der Mutter als Lebensschenkerin, sondern den Göttern in Weiß für das Leben des Kindes dankbar. So gesehen wundert es nicht, dass die Zahl der Kaiserschnitte so rasant gestiegen ist, seit die technischen Möglichkeiten dazu gegeben sind. Auch in Afrika werden immer mehr Kinder per Kaiserschnitt geboren. Das Weltkulturerbe der Geburt ist dabei auszusterben – und mit ihm einer der letzten unmittelbaren Zugänge zum weiblichen Weisheitswissen.

Die weibliche Kraft heilt, da sie das Leben ist und das weibliche Weisheitswissen dazu dient, sich einzufinden in den Rhythmus des Lebens.

Kein Wunder also, wenn sich in den westlichen Ländern Ärzte wider besseres Wissen nicht in geforderter Weise für die Rettung der natürlichen Geburt stark machen und Frauen in ihrem Selbstbewusstsein stärken, sondern der Kaiserschnitt – mit der Übersteigerung zur *Kaisergeburt* – zur besten aller möglichen Geburten erklärt wird. Wenn auch unbewusst, so geht es doch wieder darum, Frauen von ihrer Kraft zu entbinden; Frauen wird es so unmöglich gemacht, durch natürliche Geburten in direkten Kontakt mit der weiblichen Kraft zu kommen und an das alte Weisheitswissen und die Heilkunst der weisen Frauen anzuknüpfen. So versteht man auch, warum sich die moderne Medizin derart schwertut, alternative Heilmethoden zu akzeptieren. Naturheilkunde, Homöopathie, Pflanzenheilkunde, energetisches Heilen – all das sind Welten, die dem Urweiblichen nahestehen. Die Ärzteschaft fürchtet ihren Machtverlust, wenn die ursprüngliche *Königin* wieder Einzug hält. Dabei wäre ein Miteinander das, was uns wirklich Heilung bringen würde. Aus urweiblicher Sicht ist Gesundheit nicht gleichzusetzen mit dem Kurieren von Symptomen oder der Überwindung von Krankheit. Heil sein ist vielmehr eine Lebensart, mit sich fürsorglich und achtsam umzugehen und sich einzufinden in den Rhythmus des Lebens. Frauen sind qua Verbindung an die Gebärmutter an diesen Zyklus des Lebens aus Entstehen, Erden und Vergehen angeschlossen, und wer seine weibliche Seite lebt, ist weich und frei, in diesem Rhythmus beschützt mitzuschwingen.

Männer erschufen die Welt, wie sie sich uns heute zeigt

In der Antike wurde weibliches Weisheitswissen Stück für Stück ab- und ein neues geistiges Weltbild aufgebaut. Es fußte auf dem alten Wissen, doch wurde dieses nun in Theorien und Konzepte gepresst, die die vermeintlich unvollkommene Welt nach männlichem Vorbild umgestalten sollen. Diese Verheißung wurde der Nährboden für alle aufkeimenden Utopien männlicher Herrschaft über die Welt. Im Kern der entstehenden Weltverbesserungs-Ideologien ging es immer darum, die Natur zu überwinden und vergessen zu machen, dass der Natur der Frau beziehungsweise der weiblichen Kraft eine zentrale Rolle bei der Erhaltung des Lebens zukommt, so Naturwissenschaftlerin und Patriarchatskritikerin Kirsten Armbruster. Das Urweibliche integriert alles Leben in sich und besitzt ein natürliches, aus sich selbst heraus entspringendes Weisheitswissen über das Leben.

Bei aller Faszination über die Fähigkeit zum tiefschürfenden Denken sollten wir nicht vergessen: Dieses Wissen war nur ein Abklatsch, ein Zerrbild und aus der Ganzheit gerissenes Stück Erkenntnis! Das Fließende, Lebendige, Kreative am weiblichen Weisheitswissen rund um die Zusammenhänge des Lebens konnten die antiken griechischen Philosophen nicht abbilden, sondern nur Teilaspekte in ein Gedankengebäude sperren. Wie Tiere im Zoo wurden Ideen zur Schau gestellt, ohne auf ihren natürlichen Kontext und ihre Verwebungen zu achten. Philosophie ist die *Liebe zur Weisheit* – doch dabei wird außer Acht gelassen, dass Weisheit, Inspiration und Schöpfungskraft der Urmutter Sophia entspringen. Das dem Urgrund beraubte Wort weist bereits die Richtung: In Zukunft soll es nicht um Wahrhaftigkeit, sondern um die Erschaffung einer neuen, nach männlichem Geist optimierten Welt gehen. Aus urweiblicher Sicht braucht es keine Weltverbesserung, denn alles, was ist, darf sich zeigen und hat seinen Platz. In einer männlich dominierten Welt wird das Weibliche zunehmend ausgegrenzt und somit verlieren wir zunehmend den Bezug zum Leben.

Die Beanspruchung des Logos durch das männliche Geschlecht führt auch heute noch zur Beschneidung der Vielschichtigkeit und Offenheit im Denken sowie zur Selbst-Eingrenzung von Frauen in ihrem weiblichen Denken, Fühlen und Handeln.

Beim Bau der neuen, männlich dominierten Welt sind Verdreher und Fehler passiert, unter denen letztlich alle Menschen leiden mussten. So wurde zum Beispiel das hebräische Wort für *Kehle* mit *Seele* oder *Psyche* übersetzt. Die evangelische Theologin Hanna Strack führte beim *Sex, Spirit & Birth Kongress* im Februar 2016 aus, dass die ungenaue Übersetzung zur Aufspaltung des Menschen in Körper, Geist und Seele führte. *Kehle* aber meinte die untrennbare Einheit der drei Bereiche. *Seele* im Verständnis von Kehle erzeugt eine Schwingung im Körper, die nur entstehen kann, wenn – wie beim Singen – Körper, Geist und Seele als Einheit zusammenarbeiten. Seele trägt immer die Schwingung des Universums, den Ur-Atem in sich.

Durch die Gebärerfahrung und das Tönen bei der Geburt wissen Frauen um die Bedeutung der Schwingung für das Leben und die Wahrhaftigkeit der Einheit von Körper, Geist und Seele für die Geburt. Verfügten wir noch heute über dieses Weisheitswissen, hätten wir der Medizin – die sich lange weigerte, die seelische Ursache von Krankheiten anzuerkennen – einen langen Umweg erspart.

Jeder Mensch trägt in seiner Kehle die Schwingung des Universums, den Ur-Atem in sich. Klang ist das Leben und ein Bestandteil des Urweiblichen.

Alles Leben ist Schwingung und entstand aus dem Ur-Klang.

Das Ende des zyklischen Lebens

In den Städten und Republiken der antiken Demokratien und überdeutlich im Alten Rom bildete sich ein System der Hierarchien und der Verwaltung von Leben aus. Das Leben sollte planbar und kontrollierbar werden. In diese Zeit fällt auch die Umschreibung der Jahresaufteilung. Bis dahin war das Jahr in 13 Mondphasen eingeteilt gewesen. Wie wir wissen, hat die Anziehungskraft des Mondes großen Einfluss auf die Vegetation der Erde; genauso sind Ebbe und Flut von ihr ausgelöst. Bauern richten sich noch heute in ihrem Bauernkalender nach den Mondphasen. Die Bezeichnung *Menstruation* stammt wahrscheinlich vom griechischen Wort *Mene* für Mond ab und bedeutet frei übersetzt *Mondwechsel*. In vergangenen Tagen, in welchen die Menschen noch keine den Zyklus beeinflussenden Mittel wie die Pille kannten und auch Einflüsse wie Stress, Umweltverschmutzung, Schadstoffbelastung, falsche Ernährung und so weiter nicht so präsent waren wie in der heutigen Zeit, lenkte der Mond das Eintreten der Periode. Der Mond beeinflusst die Rhythmen auf der Erde und ließ alle Frauen zur selben Zeit menstruieren.

Der Mond beeinflusst den Zyklus der Frauen, die einst alle zur selben Zeit menstruierten. Er beeinflusst auch die Vegetation, die Meere und damit das Leben auf der Erde.

Bei Naturvölkern ist es noch heute so: Frauen bluten zu Neumond, an Vollmond haben sie ihre fruchtbaren Tage. Frauen können am Himmel ihren Zyklus und ihre Fruchtbarkeit ablesen. Gabriele Pröll (*1959), Frauenforscherin und Gründerin der Methode Wildwuchs, schreibt in ihrem Buch *Meine Tage: Quelle weiblicher Kraft und Intuition*: »Das matriarchale Weltbild entstand aus den vielen ineinandergreifenden Zyklen. Der Kosmos mit seinen zyklischen Bahnen und Ordnungen, der Mond, der Wasserkreislauf, die Jahreszeiten, die zyklische Göttin und schließlich der Menstruationszyklus der Frau waren miteinander sehr eng verwoben. Es ist ein bewegtes, zyklisches Weltbild, in dem alles im Fluss ist und in verschiedenen Phasen immer wiederkehrt. Dies spiegelt sich in den vielen rituellen Handlungen im Jahreslauf zu Ehren von Mutter Erde wider.«

Im Wort *Menstruation* steckt auch das Wort *mens*, das später zu *Monat* wurde und Maß und *messen* bedeutet. Im Zyklus der Frau liegen also auch die Ursprünge der Zahlen, der Mathematik und der Astrologie, was sich auch in vielen Fundstücken zeigt: 13 Einkerbungen bilden den gängigen Mondkalender ab, der bis ins 16. Jahrhundert Bestand hatte, bis er von der katholischen Kirche verboten wurde. Im Mondkalender galt übrigens der Montag, der Tag des Mondes, als Feiertag; die Tage wurden von Mittag bis Mittag berechnet, sodass der Nacht eine größere Bedeutung zukam.

Das Weibliche ist mit dem Himmel auf direkte Weise verbunden: Am Mondstand konnten Frauen ihren Zyklus ablesen.

Es ist schon eine verkehrte Welt, wenn die katholische Kirche Frauen in aller Welt verbietet zu verhüten, da dies nicht im Einklang mit der göttlichen Natur stehe. Dabei sind die Frauen doch erst durch das dominante Verhalten der Männer und die Unterbindung der weiblichen Natur in die Notlage gekommen, künstlich verhüten zu müssen. Das Sakrament der Ehe als Eingrenzung des Selbstbestimmungsrechtes der Frau und die damit einhergehende ständige Verfügbarkeit des weiblichen Körpers für die Männer tun hier ihr Übriges. Dass Vergewaltigung in der Ehe erst 1997 in Deutschland strafbar wurde, unterstreicht diese Interpretation der Ehe. Ganz sicher bricht jedoch das Gesetz des Mannes die seit Urzeiten geltenden Regeln der Fruchtbarkeit und führt zur Ausbeutung des weiblichen Körpers durch dauernde Schwangerschaft, unter der nicht nur die Frauen, sondern vor allem auch deren Kinder zu leiden haben. In einer Ehe, in der Sexualität auf Kinderkriegen ausgerichtet ist und eine Frau zur ständigen Verfügung stehen soll und muss, kann sie nicht mehr über ihren Körper bestimmen. Mit Einführung der Ehe verlor die Frau ihr Selbstbestimmungsrecht über ihren Körper und damit die Möglichkeit, Schwangerschaften auf natürlichem Weg entsprechend ihrer körperlichen wie seelischen Bereitschaft zu steuern. Nun ging es nicht mehr mit der Natur, sondern gegen sie.

Das hatte dramatische Folgen für die Frauen: Sexualität wurde zu einem Akt des Ausgeliefertseins, natürliche Prozesse des weiblichen Körpers zur potenziellen Gefahr. Die Auszeichnung, Leben schenken und die Weisheit von Mutter zur Tochter weitergeben zu können, wurde zur Last und Bedrohung. Frauen in höheren Kreisen, die es sich leisten konnten und ihre Macht nicht ganz verlieren wollten, übergaben ihre Kinder zur Versorgung an andere Frauen. Für Mütter, einst das Zentrum des sozialen Lebens, war in einer männlich dominierten Welt kein Platz, und genau das war auch gewollt, um die Macht der Mütter und weibliche Kraft zu brechen. An dieser unüberwindbaren Kluft arbeiten sich Frauen auch heute noch ab. So wurden sie zum Spielball der geschichtlichen Entwicklung und wurden vom Opfer zum Täter.

Das Ende des Bundes von Mutter und Tochter

Das ist der Frevel wider die göttliche Ordnung: Der *Bund fürs Leben* zielt darauf ab, den ursprünglichen heilvollen Bund der Frauen mit der Großen Mutter zu zerschlagen. Wir feiern die Hochzeit als *das* Ereignis im Leben einer Frau und versäumen, ihre wahren Lebensinitiationen zu feiern, die ihr persönlich und der Gemeinschaft Kraft und Fülle schenken würden: den Übergang vom Kind zur Frau, von der Frau zur Mutter und hin zur weisen Frau.

Wie erfolgreich die Unterbindung der weiblichen Kraft, die auch aus dem Wissen um den ewigen Zyklus beziehungsweise die Einheit der Dreiheit von Maid-Mutter-Greisin erwächst,

war, zeigt das meist belastete oder gespaltene Verhältnis zwischen Töchtern und ihren irdischen Müttern. Das Verhältnis zur Mutter der Frau ist meist auch im Erwachsenenalter enger als das zur Mutter des Vaters – und dennoch wollen die meisten Töchter niemals so werden wie ihre Mütter. Warum eigentlich? Weil sie als neue Generation sehen können, wie ihre Mütter in der Opferrolle verharren, wie sie am Kern vorbeileben, wie sie sich verbogen haben – nicht aufgrund individueller Schwäche oder Schuld, sondern als Folge der Jahrtausende andauernden Umdeutung der wahren Größe von Frauen und Müttern und der Bedeutung weiblicher Kraft für das Leben.

In patriarchalen Kulturen wird der engen Mutter-Tochter-Bindung, aus der sich die Stärke der Frauen entwickeln könnte, vorgebaut, indem die Ehefrauen ins Haus der Schwiegermutter ziehen müssen, die dort die patriarchalen Gesetze durchsetzt.

Das Mittelalter als Zeit der Auslöschung weiblichen Weisheitswissens

Unsere Ahninnen kannten ihre natürliche Einbindung in den Lebenslauf, die drei Lebensabschnitte ebenso wie den monatlichen Zyklus und ihre fruchtbaren und unfruchtbaren Tage. Archäologische Funde belegen, dass sie einen Menstruationskalender führten; dies zeigen etwa Einkerbungen aus 13 Strichen. Die Zeit der Menstruation war dabei ebenso bedeutend wie die fruchtbaren Tage. Sie schrieben dem Menstruationsblut Macht und magische Kräfte zu. Das Menstruationsblut ist die Ursuppe des Lebens.

Inzwischen ist das Wissen um die Menstruation und das heilige Blut fast vollständig verloren gegangen. Dabei gilt das Menstruationsblut der Frau seit Menschengedenken als heilig und besonders mächtig. Die Zeit der Periode ist für Frauen eine Phase besonders großer energetischer Kraft und intensiver Wahrnehmung des eigenen Selbst. In jenen Tagen ist die Verbindung zur Göttin besonders stark. Aus diesem Grunde verbrachten Frauen in vergangenen Jahrhunderten die Zeit der Mondblutung innerhalb einer Gruppe von Geschlechtsgenossinnen, die ebenfalls diese Phase und die damit verbundenen Mysterien durchlebten, um sich innerhalb dieses Zusammenschlusses der Ehrung und der Verbindung zur großen Mondin zu widmen. Einst menstruierten alle Frauen zur selben Zeit. Es galt als heiliger Akt, Zauber und Ritual zu Ehren der Mondgöttin zu zelebrieren und sich Zeit zu nehmen für Frauen- und Lebensthemen.

Die Zeit der Monatsblutung ist eine Zeit der Kraft für Frauen, sich zu (ver-)sammeln und dem Leben bewusst Raum zu geben.

Das anhaltende Tabu um die Regelblutung

Das Einsetzen der Regelblutung in der Pubertät (Menarche) gilt noch heute in vielen Kulturkreisen als Erwachen der Frau im Kinde. In Indien heißt es: Wenn ein Mädchen das erste Mal menstruiert, habe sie die Blume geboren (Quelle: Barbara Walker *Das geheime Wissen der Frau*).

Der Zusammenhang zwischen Blume und Fließen (des Blutes) kommt im englischen Wort *flower* noch heute zum Ausdruck. Das Buch *Liliths Schatz* der spanischen Autorin Carla Trepat Casanovas (*1987) ist ein Aufklärungsbuch für Mädchen, das das Bild der aufblühenden Blume aufgreift und ein Stück der Weisheit und Kraft, die in der Menstruation liegen, jungen Mädchen vermitteln möchte. Es herrscht Aufklärungsbedarf, denn noch immer ist die Menstruation ein großes Tabuthema.

Diese Sprachlosigkeit über eines der wichtigsten Themen der Weiblichkeit spricht Bände über das Ausmaß der Entfremdung der Frauen vom eigenen Körper und von der Schwesternschaft mit anderen Frauen und darüber, wie bedeutend das Thema einst gewesen sein mag. Allmählich erwacht die Tradition wieder bei Initiationsritualen und Frauenrunden im *Roten Zelt*, ins Leben gerufen von Tempelgruppen der erwachten Weiblichkeit rund um den Globus. Das Rote Zelt greift das uralte Ritual der *Mondhütte* auf, in dem Frauen einst gemeinsam die Menstruation feierten. Es bietet einen geschützten Raum für Frauen und Mädchen, die sich positiv mit der Menstruation beschäftigen und im Kreise von anderen Frauen ihre

Frauenkraft stärken möchten. Und auch das Blut wird nicht mehr achtlos in den Müll geworfen, sondern kann in *Ruby Cups*, wiederverwendbaren Plastikbechern, die in die Vagina eingeführt werden, aufgefangen werden. Das ist ein Akt der Bewusstwerdung um die Menstruation, aber vor allem auch ein sinnvoller Beitrag zum Umweltschutz und ein Zeichen der Solidarität von Frauen weltweit, denn pro verkauftem Ruby Cup wird ein Ruby Cup an eine Frau in Afrika verschenkt. In Afrika ist die Menstruation häufig noch ein Grund, warum Mädchen nicht zur Schule gehen können, da es keine Hygieneartikel oder getrennte Toiletten gibt. Dem Menstruationsblut wurden im Mittelalter sogar magische Fähigkeiten zugesprochen. Es ist jedenfalls alles andere als unrein, sondern von sehr reicher, lebensfördernder Substanz. Das Blut sind Zellen der Gebärmutterschleimhaut, die der Nährboden neuen Lebens sind. Wissenschaftler forschen gerade daran, es gewinnbringend einzusetzen, beispielsweise als Hilfe bei Amputationen und als Quelle für Stammzellen. Inzwischen wurden aus den wandlungsfähigen Zellen neun verschiedene Gewebe gezüchtet: Knochen-,

Blumen sprechen seit Jahrtausenden mehr als tausend Worte: Sie stehen für die Schönheit des weiblichen Geschlechts und die Faszination des weiblichen Zyklus.

Herz-, Fett-, Muskel-, Nerven- und Leberzellen, Zellen der Lungenschleimhaut, der Bauchspeicheldrüse sowie der inneren Blutgefäßwände.

Frauen sollten sich über die Bedeutung ihres Zyklus wieder klarer werden und selbstbewusst mit ihrem Blut umgehen. Unsere Ahninnen brachten das Blut zum Beispiel in die Erde, um diese fruchtbar zu machen. Im Laufe der Jahrhunderte männlicher Herrschaft festigte sich das Tabu um die Menstruation, und Frauen wurden in den ersten nachchristlichen Jahrhunderten regelrecht mit einem Stigma versehen: Nicht nur sie selbst waren unrein, sondern sie konnten die Unreinheit auch auf andere übertragen. Angst wurde geschürt mit dem Ziel, die lebensförderliche Qualität des Menstruationsblutes ins Gegenteil zu verkehren: »Die Berührung mit dem Monatsfluß der Frau läßt frischen Wein sauer werden, das Getreide verdorren, die Gartenfrüchte verderben, Samen vertrocknen, läßt die Früchte von den Bäumen abfallen, läßt Spiegel erblinden, nimmt einem Messer die Schneide und dem Elfenbein seinen Schimmer, tötet Bienen, läßt Eisen und Bronze verrosten und erfüllt die Luft mit einem scheußlichen Geruch. Hunde, die solches Blut lecken, werden tollwütig und ihr Biß wird giftig. Das Tote Meer, voll des Salzes, läßt sich nicht auseinander teilen, außer mit einem Faden, der mit der giftigen Flüssigkeit des Menstruationsblutes durchtränkt wurde. Ein Faden von einem verunreinigten Gewand genügt. Leinen wird beim Waschen schwarz unter der Berührung der Frau. Die Zaubermacht der Frauen ist in ihrer Periode so stark, daß sie Hagel und Wirbelstürme abwehren können, wenn sie ihren Ausfluß dem Aufleuchten der Blitze aussetzen.« (Quelle: Plinius der Ältere (23–79), Naturgeschichte, Buch 28, Kap. 23, 78–80; Buch 7, Kap. 65).

Mythen erzählen davon, dass der Mensch aus dem Blut des Mondes und die Menstruation aus den Zitzen der heiligen Mondkuh stamme. Die Mondgöttin wurde in vielen Kulturen als die große Schöpferin verehrt. Ihr Symbol ist das Kuhhorn, das sprichwörtliche Füllhorn, das sie als liebende Urmutter über unser Leben ausschüttet, damit wir ohne Sorgen wachsen können. Wen wundert es, dass das Auslöschen der Erinnerung an den ursprünglichen Zusammenhang solche Blüten treibt, dass den Kühen – in Indien noch immer als heilig verehrt – in der zivilisierten Welt aus Missachtung des Lebens in seiner Vollkommenheit, die Hörner abgeschnitten werden.

Es gibt Vermutungen, dass das fehlende Horn Auswirkung auf die Zusammensetzung der Milch hat. Kühe ohne Hörner geben Milch mit weniger Enzymen, was sie wiederum für Menschen immer schwerverdaulicher macht und worin die Ursache für die zunehmende Laktoseintoleranz liegen könnte (Quelle: www.uni.de/redaktion/kuhhorn). Welche Hybris anzunehmen, dass die Hörner keine Bedeutung für die Kuh haben! Kurzfristiges Denken führt zu sinnlosem Tun, was wiederum Auswirkungen auf alles hat. Eine Haltung, die auch bei der massenhaften Entfernung der Gebärmutter auftaucht, nur weil die Gebärmutter nach der Phase der Fruchtbarkeit ein vermeintlich unwichtiges Organ geworden sei.

Schneiden wir den Kühen die Hörner und den Schweinen die Schwänze ab, damit sie in der Agrarindustrie leichter benutzt werden können, schneiden wir uns ins eigene Fleisch.

Die Stigmatisierung weiblicher Erfahrungswelten

Ein Stammwort für Mond ist das indoeuropäische Wort *mana*. Mana wird in manchen Kulturen auch als eine besondere, übernatürliche Kraft bezeichnet, die menstruierenden Frauen nachgesagt wird. Es findet sich in nahezu allen Sprachen und bedeutet überall *weibliche Kraft, Gottheit, Mond-Geist* oder *Magie*. Im Buch *Das geheime Wissen der Frauen* der amerikanischen Autorin und Feministin Barbara Walker (*1930) heißt es: »Mana kann mit der hinduistischen Jungfrau-Göttin Maya und der arabischen Göttin Manat, deren Name Schicksal bedeutet, verglichen werden. Durch anthropologische Studien im Südpazifik ist das Wort wieder in unseren Kulturkreis zurückgekommen. Dort ist es der Stoff, durch den Magie wirkt.«

Aus diesem Wort leitet sich der Begriff *Manie* ab, was ursprünglich so viel wie *ekstatische Offenbarung* bedeutete. Im Mittelalter wurden menstruierende Frauen wie auch Hexen als *manisch* bezeichnet. Mondsüchtigen sagte man in der alten Zeit eine besondere Nähe zur Göttin nach, später wurden sie für verrückt erklärt. An der Entwicklung von Worten und ihrer Bedeutung lässt sich die Veränderung von Werten und die jeweilige Geisteshaltung einer Zeit nachvollziehen. Das scheinbar Verrückte ist häufig das eigentlich Normale.

Was in einer Zeit als verrückt angesehen wird, zeigt allein, wie ver-rückt die Gesellschaft ist.

Jede Zeit bringt ihre Krankheiten und Dramen hervor, die eine tiefer liegende Problematik widerspiegeln. Mondsucht war das unbewusste Festhalten an der weiblichen Kraft.

Eine solche Urverdrehung, die aufgeklärte Menschen nur den Kopf schütteln lässt, ist der Glaube mancher Muslime, dass sie im Himmelreich nach einem Märtyrertod mit 72 Jungfrauen belohnt werden. Allein unter 72 Frauen – im echten Leben wäre das den meisten Männern wohl kein Vergnügen. Warum ist es dann so erstrebenswert? Statt der entstellten Männerfantasie einer Massenorgie verbirgt sich dahinter ein ganz anderes Geheimnis. Die *Jungfrauen-Geburt* ist in fast allen Religionen präsent, obwohl sie in der irdischen Welt nicht möglich ist. Sie verweist demnach in göttliche Sphären und bedeutet nichts anderes, als dass die Vorstellung einer rein weiblichen Urquelle, die aus sich selbst heraus schöpfen und Leben hervorbringen kann, in diesem Bild bewahrt bleibt.

Eigentlich untergräbt der Mythos den Anteil der Männer an der Zeugung und damit ihren wichtigen Anteil am Leben; das deutet nur darauf hin, wie groß auch ihre Sehnsucht nach der Verschmelzung mit der göttlichen Quelle sein muss. Wer sich also auf 72 Jungfrauen freut, der darf am Ende der Tage wieder in den göttlichen Mutterschoß zurück.

Die Zahl 72 steht dabei für die Zahl 9, die seit jeher in der Zahlenmystik für die Vollkommenheit und göttliche Quelle steht. Sie ist die potenzierte dreifache Göttin und symbolisiert das *Alles und Nichts*. Dürften muslimische Frauen ihre weibliche, göttliche Ausstrahlung wieder frei zeigen und ihre Weiblichkeit öffentlich leben, wäre die Sehnsucht nach dem Tod unter den jungen Männern vielleicht nicht so groß.

Durch die Verschleierung, die das sexuelle Begehren unterbinden soll, wird jedenfalls das genaue Gegenteil bewirkt: eine Übersexualisierung des Alltags, denn mit jeder verschleierten Frau, ob voll oder nur mit Kopftuch, wird uns unterbewusst die sich dahinter verbergende Verheißung signalisiert. Und was versteckt und verboten ist, das zieht magisch an. Außerdem ist das Kopftuch nicht nur ein Mittel, die Schönheit der Frauen zu verbergen, sondern auch ganz klar darauf angelegt, die Macht der Frauen zu brechen. Denn Haare sind in allen Kulturen magisch besetzt. Sie sind die Antennen, mit denen wir feinstoffliche Schwingungen aufnehmen können. In patriarchalen Kulturen lassen sich Männer daher lange Bärte wachsen; auch Merlin, der Zauberer mit dem langen Bart, ist hierfür ein Beispiel. Dass das Wissen um die Bedeutung der Haare auch im arabischen Kulturkreis noch vorhanden ist, zeigt sich zum Beispiel bei der Geburt: Alle Frauen aus der Familie der Gebärenden müssen das Kopftuch ablegen, wenn die Geburt feststeckt und die Gebärende die Kraft verlässt, damit die weibliche Kraft von Frau zu Frau zur Gebärenden wieder frei fließen kann.

Die Verherrlichung der Jungfrauen bewahrt auf entfremdete Weise das Geheimnis um den weiblichen, aus sich selbst Leben hervorbringenden Urgrund allen Seins.

Leid statt Lebensfreude und Kraft
Ein anderes folgenschweres Beispiel dieser Urverdrehung ist am Wort *Wehemütter* abzulesen, das im Mittelalter geprägt wurde: Hebammen, einst weise Frauen und Geburtshelferinnen, wurden so genannt, da ihre Anwesenheit den Schmerz über die Frauen bringe. Das war Rufmord an den Hebammen. Dabei geht das Wort *Wehe* auf einen Interpretationsfehler in der Bibel zurück. *Etzev* wird außer

im Kontext von Geburt sonst nur als *Arbeit, Anstrengung, Mühe* bezeichnet. Kein Wort von Qual, Leid oder Schmerz. *In den Wehen liegen* heißt also nicht per se leiden, sondern *die Arbeit einer Frau verrichten*. Diese Arbeit kann anstrengend, fordernd und auch mal schmerzhaft sein, aber sie kann ebenso gut leicht, mit Lust und in Freude vollbracht werden.

Die Fokussierung und Einengung der Geburtsarbeit einer Frau auf Schmerzen durch die Wörter *Wehe* und *Wehemutter* führten zur unheilvollen Verknüpfung von Leid und Geburt.

Die Hüterinnen weiblichen Weisheitswissens sollten mit dieser Umbenennung Schwächung erfahren, das Leid der Frauen wurde dabei in Kauf genommen.

Nachdem im Jahr 1484 in der Bulle des Papstes Innozenz VIII. die Hexenlehre vom Vatikan anerkannt wurde, stellt der Dominikanermönch Institoris im Buch *Hexenhammer* unmissverständlich fest: »Keiner schadet der katholischen Kirche mehr als die Hebammen.« Denn sie waren nicht nur Geburtshelferinnen und weise Frauen, sondern galten auch als Priesterinnen

Die Hexenverfolgung brachte alle Frauen in Gefahr und wirkt noch heute im Unbewussten nach. Die Angst und der Schmerz vor einer frei gelebten Weiblichkeit sitzen tief.

des alten Mutterglaubens und waren äußerst bewandert im Heilen von Krankheiten. *Und wer heilen kann, hat recht.*

Aus Gründen des Machtzugewinns wurden die Hebammen unter Berufsverbot gestellt und als Hexen verfolgt. Der Hass gegen Frauen ging bereits von den frühen Christen im 2. Jahrhundert n. Chr. aus und spitzte sich im Mittelalter zu. »Die Macht über alle medizinische Praxis und Heilung lag in den Händen der Priester und Mönche (...). Da Frauen als Verführerinnen abgestempelt waren und die Schwangerschaft als ein Ergebnis der Sünde des Fleisches angesehen wurde, gehörte eine gebärende Frau nicht zu den unverschuldeten Kranken. Personen aus dem medizinischen Bereich war es verboten, Geburten beizuwohnen, dadurch wurde sichergestellt, dass keine Hilfe geleistet werden konnte. (...) Durch eine Reihe von Erlassen verfiel die Geburt, die zuvor als eine Feier des Lebens begrüßt worden war, zu einer furchtbar schmerzhaften, einsamen und gefürchteten Qual«, schreibt Marie Mongan, Gründerin von *Hypno-Birthing*, in ihrem Buch *HypnoBirthing – Der natürliche Weg zu einer sicheren, sanften und leichten Geburt*.

Die Entmachtung weiser Frauen zur Neuordnung der Welt

Weise Frauen waren bis zu ihrer gezielten Auslöschung fest in der Bevölkerung verankert. Noch bis ins späte Mittelalter genossen die weisen Frauen, auch *Valas* oder *Völvas* genannt, Geltung und Ansehen. Sie wohnten teilweise auf Walburgen, auf Mondverehrungsstätten – in Türmen, sogenannten Burgen – wie in unzähligen Sagen überliefert ist. Ihre Namen und Wallfahrtsstätten leiten sich aus *Val*, *Vel*, *Bil*, *Bei* oder *Beil* am Wortanfang ab. Die Silbe *Bil* bedeutet *Mond* – somit geht auch unser Wort *Bildung* auf die weisen Frauen zurück. Im Volk wurden sie nicht nur wegen ihres Wissens verehrt; historisch verbürgt ist, dass sie auch die Rechtshoheit besaßen, politische Entscheidungen trafen und zum Beispiel Verhandlungen mit den Römern führten. Aus dem 16. Jahrhundert sind Bronzemünzen erhalten, die weise Frauen mit einer Mondsichel auf dem Kopf darstellen. Auf ihren Gewändern trugen sie Abzeichen, die ihre Rechtshoheit anzeigten.

Wie in allen Teilen der Welt galt auch in Mittel- und Nordeuropa von alters her eine *Mütterordnung*. Diese Ordnung wird im *Sechsspeichenrad* symbolisiert:

Das Sechsspeichenrad findet sich in vielen Wappen und zeugt von der einstigen Macht weiser Frauen, deren Symbole zur Stütze der neuen Herrschaft verwendet wurden.

Es versinnbildlicht das *Rad der Zeit* und integriert sowohl das Gesetz der Zeitordnung als auch das Gesetz der Weltordnung und das Gesetz der göttlichen Ordnung. Das Sechsspeichenrad war bis ins Mittelalter an jenen Orten, an denen Recht gesprochen wurde, aufgerichtet. In Anlehnung an diesen bildlichen Akt des Aufrichtens wurden später die Gerichte als Gericht-Stätten benannt. Frauen haben hier Recht gesprochen, und auch alle Ra(d)thäuser zeugen noch heute davon. Interessanterweise beriefen sich auch später die Rädelsführer in den europaweiten großen Bauernaufständen im Mittelalter auf das alte Zeichen des Rades und forderten letztlich im Zeichen der Urmutter das göttliche Recht der Gemeinerde sowie der Wald- und Wiesennutzung zurück. Die Aufstände wurden niedergeschlagen und brachen letztlich in der Französischen Revolution ab 1789 erneut blutig aus.

Bis hinein ins Mittelalter galten weise Frauen als Gebieterinnen über das Recht. Auf das Wort *gebieten* gehen auch die drei ewigen Mütter zurück,

In allen Teilen der Welt galt einst die Mütterordnung.
In Europa symbolisiert des Sechsspeichenrad als **Rad der Zeit**
ihre Macht und findet sich noch in vielen Wappen.

die im Volk verehrten *Bethen*. Die Kirche machte aus ihnen drei heilige Frauen, die im Volk jedoch seit jeher als Ambeth, Wilbeth und Borbeth verehrt wurden und die göttliche Triade als Erd-, Mond- und Sonnenmutter bildeten. Das Wort *beten* entwickelte sich aus der Anrufung der drei Bethen. Glaube und Kult um die drei Bethen waren so groß, dass sogar *Weihnachten* und die Stadt *Worms* nach ihnen benannt wurden. In der Taufkapelle des Wormser Doms findet sich noch immer ein geheimnisvolles Flachrelief der Embede, Warbede und Wilbede aus der gotischen Epoche. Auch wenn die kultische Kontinuität und der göttliche Ursprung der drei Bethen in Worms bestritten wird, ist dies ein unleugbares kulturelles Zeugnis der Bedeutung der weisen Frauen.

Frauen waren seit Urzeiten Hüterinnen der ewigen, heiligen, das heißt lebensfördernden Ordnung. Es gibt viele Ähnlichkeiten mit den Hütern der Erde, Indianerstämmen – in Symbolik, Spiritualität und Recht. Auch sie lebten einst in einer friedlichen Welt, und ihre Anführer werden noch immer von den Volksmüttern ernannt. Ähnlich wie den Indianern erging es auch den weisen Frauen, die ihr Bodenrecht der gemeinschaftlichen Sippenerde durch Besetzer einer neuen Zeit verloren. In dem Maße, wie Gemeinerde als Natur, die allen offen steht und niemandem gehört, sondern unser aller Lebensgrundlage ist, der einstigen Urgemeinschaft zu Königs-, Kirchen-, Feudal- und Kauferde wurde, wurden die Menschen zu Hörigen und Abhängigen. Also auch die weltlichen Herrscher hatten ein persönliches Interesse daran, die weisen Frauen zu vertreiben. Als die Kirche mit den Herrschern gemeinsame Sache machte und sie von Gottes Gnaden stärken ließ, waren die letzten Stunden der weisen Frauen eingeläutet und damit das Ende der alten Zeit und Achtung der Natur.

Die Ausschaltung der weisen Frauen gelang über die Verfälschung der uralten Lebensordnungssymbole. Diese Verschleierung ist heute verantwortlich dafür, dass die Existenz des Menschen bedroht ist. Die Besetzung von Ländern, die Ausbeutung der Natur und das arbeitende Geld, das sich ohne Arbeit Werte aneignet, wäre nicht möglich gewesen ohne die vorherige Vernichtung der uralten, von unseren Vorfahren als naturgegeben, als göttlich und ewig erkannten Ordnungsprinzipien des Lebens.

Die Neuzeit als Zeit der Etablierung des männlichen Weltbildes

Alles, was sich nach dem Mittelalter im Zeitalter von Absolutismus (17./18. Jh.), Aufklärung (18. Jh.) und späte Neuzeit (ab 19. Jh. bis jetzt) entwickelt hat, sind direkte Folgen der Machtübernahme und der Verschiebung der Kräfteverhältnisse. Das Vakuum, das nach der Niederdrückung der weisen Frauen entstand, wurde nun mit allerhand Theorien und Kopfgeburten gefüllt. Alle führten weg vom Ursprung – denn es ging darum, ein neues, männliches Weltbild auszuschmücken, zu etablieren und vor allem unter den Männern, die dieses Weltbild ja stützen sollten, Begeisterung zu entfachen, indem die neuen Spielregeln eine Reihe an Vorteilen für Männer boten.

Besonders anschaulich und pervers: Sonnenkönig Ludwig XIV. zwang seine Frauen, im Liegen – gegen die Schwerkraft und gegen die Notwendigkeit der Beckenöffnung für eine leichte Geburt – zu gebären, damit er ihnen dabei bequem zwischen die Beine schauen und dem Schauspiel der Geburt in der ersten Reihe beiwohnen konnte (Quelle: www.zeit.de/1983/41/mit-der-schwerkraft-ins-leben). Da der französische Hof das Leben in ganz Europa beeinflusste, wurde das Gebären im Liegen en vogue in der europäischen Ärzteschaft. Dass in der sogenannten zivilisierten Welt Frauen jahrhundertelang – und immer noch – versuchen müssen, gegen die Kräfte der Natur ihr Kind mit Gewalt in die Welt zu pressen, und dass dies als ärztliche Untersuchungen erleichternde Maßnahme statt als Unterwerfung der Frau benannt wird, ist ein unfassbares Vergehen an den Frauen.

Das Spielfeld der neuen Regeln war weit: Bildung nur für Männer; Entfernung von Frauen aus dem öffentlichen Bereich; Bindung an *einen* Ehemann; die romantische Liebe bis in den Tod, ohne die eine Frau nicht vollständig sei; Erziehungsratgeber, die die Liebe und Bindung zum Kind brechen sollten; Abwertung der Emotionen und Träume; das über dem gesprochenen Wort stehende geschriebene Wort; und vor allem die Spaltung der Frauen in sich gegenüberstehende Gruppen wie etwa *Heilige* und *Hure*, *verheiratet* und *unverheiratet*, *mit Kindern* und *ohne*

Kinder, Rabenmutter oder Karrieremutter. Teile und herrsche, das galt auch für die Kleinhaltung der weiblichen Macht, denn so konnten sich die Frauen untereinander »abarbeiten«. Dieser Stachel steckt in der Rückschau heute wohl noch am tiefsten. Wir haben unterschiedliche Frauenbilder verinnerlicht und Probleme damit, die Gräben, die uns in einer Männerwelt vermeintlich Schutz boten und doch nur darauf ausgerichtet waren, uns zu spalten, in eine schwesterliche Solidarität umzulegen. Dabei liegt genau darin – in der Unterschiedlichkeit genauso wie in der Gemeinschaft – die Kraft der Frauen.

> Die Unterschiedlichkeit von Frauen ist kein Trennungsmerkmal, sondern Ausdruck gelebter weiblicher Kraft.

Wie tief die Gräben zwischen Frauen verlaufen, lässt sich in schöner Regelmäßigkeit an Diskussionen um den Begriff der Mutterschaft ablesen. Das Wort *Mutter* ist völlig überfrachtet mit verformten Vorstellungen über das Muttersein. Das hängt zum einen mit den verdrehten Zugängen zur eigenen Weiblichkeit zusammen und scheint gerade in Deutschland ein unlösbares Problem für uns Frauen zu sein. Im Nationalsozialismus gewann das Muttersein wieder an Bedeutung, verkehrte sich jedoch in sein Gegenteil: Die Frau wurde zur »Gebärmaschine«, die menschliches Kanonenfutter für die Kriegsspiele der Männer produzierte. Muttersein sollte nicht länger Last, sondern wieder Auszeichnung sein. Als Mutter erfuhr eine Frau Ehre und Achtung, wenn sie das Leben ihrer Kinder dem System opferte. Das ist die größtmögliche Pervertierung des Mutterseins überhaupt. Das Trauma des missbrauchten und überformten Muttertums sitzt immer noch so tief, dass sich Feministinnen lange Zeit mit dem Thema der Mutterrolle nicht beziehungsweise nicht positiv beschäftigten. So entstand eine noch größere Spaltung im Weiblichen und damit eine Entfernung vom weiblichen Kraftpunkt, der sich aus der Anbindung an die weibliche, schöpferische Kraft der Großen Mutter speist und absolut frei ist von gesellschaftlichen und religiösen Vorgaben.

Die Verleugnung der weiblichen Sexualität

Ein weiterer Stachel im Selbstverständnis von Frauen ist die Trennung von Körper und Seele und die damit einhergehende Entfremdung vom eigenen Körper. Seit dem Mittelalter zeigten sich ehrenwerte Frauen keinem Mann nackt, auch nicht ihrem Ehemann. Zum Geschlechtsverkehr wurden Nachthemden mit Löchern getragen, um zu viel Hautkontakt und Intimität zu vermeiden. Männer hatten damals keine Ahnung von der weiblichen Anatomie, und so wunderte es auch nicht, dass bei einem Hexenprozess 1593 ein nachweislich verheirateter Mann offensichtlich zum ersten Mal die Klitoris einer Frau sah und sie als Teufelsmal identifizierte. (Quelle: Helga Pregesbauer, Universität Wien *Irreale Sexualitäten? Zur Geschichte von Sexualität, Körper und Gender in der europäischen Hexenverfolgung*).

Sogar Ärzte vertraten die Ansicht, dass bei einer sittsamen Frau keine Klitoris vorhanden sei. Doch auch in diesem Punkt trifft das genaue Gegenteil zu: Das Wort *Klitoris* stammt vom griechischen Wort *kleitoris*, was *göttlich, berührt, wie die Göttin* heißt, wie Barbara Walker in ihrem Buch *Das geheime Wissen von Frauen* enthüllt. Die Stadt Klitor soll dem Mythos nach der Großen Göttin Artemis geweiht gewesen sein und am Quellfluss Styx gelegen haben.

Styx wurde als Menstruationsblut der Urmutter wahrgenommen und war somit der Ursprung und das Ende aller Dinge. Das Alpha und Omega sozusagen führt auf einen Punkt hin: die Klitoris, das weibliche Lustzentrum. In Erregung gehen von hier die Schwingungen aus, die den ganzen Körper durchwallen und weiter gefasst auch alle Materie beleben. Eine schöne Vorstellung, dass von hier aus, dem Höhepunkt der weiblichen Lust, der Urknall ausgelöst worden sein könnte. Auch Hildegard von Bingen erkannte die direkte Verbindung von weiblichem Orgasmus und Göttlichkeit. Auf sie gehen die ersten Schilderungen des weiblichen Orgasmus zurück (Quelle: www.zdf.de/die-deutschen/das-multi-talent-vom-rhein-5354970.html).

Die Angst vor der weiblichen Lust sitzt tief. Bei der Regulierung der weiblichen Sexualität könnte man meinen, es gehe darum, Kontrolle über den weiblichen Körper zu erlangen, um sicher sein zu können bezüglich der Vaterschaft. In patriarchalen Systemen ein großes Problem, denn nur wenn absolut sicher ist, dass eine Frau nicht mit anderen Männern geschlafen hat, kann auch der Mann als Vater angenommen werden. Steht die Mutter

Beten mit gefalteten Händen stört den Energiefluss. Flache Hände lassen den Mantel beim Beten so fallen, dass er die Form einer Vulva nachstellt und die Hände die Klitoris.

im Zentrum der Gemeinschaft, fällt dieser Druck der Abstammungslinie weg: Dann sind wir alle Söhne und Töchter der einen großen Mutter. Aber bei Keuschheitsgürtel, Burka oder sozialer Ächtung von Ehebrecherinnen etc. geht es nur zweitrangig um die Beweisführung der Vaterschaft, sondern eher darum, Frauen von ihrem göttlichen Lustpunkt fernzuhalten. Weibliche Sexualität muss aus patriarchaler Sicht unterdrückt werden, um zu vermeiden, dass sich Frauen ihrer Verbindung zur weiblichen Quelle allen Seins bewusst werden und das geltende männliche Weltbild infrage stellen.

In eine ähnliche Richtung geht die sexuelle Unterdrückung im Islam und gipfelt in schauerlicher Weise in der Genitalverstümmelung im afrikanischen Kulturkreis, bei der kleinen Mädchen bei unbetäubtem Leibe die Klitoris mit einem Messer entfernt und meist auch noch die Vulva zugenäht wird. Das hinterlässt – sollten sie überleben – schwer traumatisierte Mädchen, die fast keine Chance haben, jemals wieder in die volle weibliche Kraft zu kommen. Wenn dies das erklärte Ziel der Mütter sein sollte, die ihre Mädchen beschneiden lassen, weil sie selbst traumatisiert verinnerlicht haben, dass eine erwachte Weiblichkeit in einer männerdominierten Welt eine Lebensgefahr darstellt, dann sind diese Frauen nicht zu verurteilen, sondern verdienen unser Mitgefühl und unsere Solidarität. Noch heute fliehen Frauen mit ihren Mädchen etwa aus Somalia, um dieser massiven Menschenrechtsverletzung zu entgehen. Dieser brutale, lebensverachtende Ritus muss ein Ende haben!

Fassungslos gilt es zur Kenntnis zu nehmen, dass diese Praxis auch in unserem Kulturkreis verbreitet war. Vor nicht einmal 100 Jahren, im ausgehenden 19. Jahrhundert in der viktorianischen Epoche, stellten Ärzte und Priester gemeinsam fest, dass die totale Unterdrückung der weiblichen Sexualität von entscheidender Wichtigkeit sei, um die Unterordnung der Frauen zu sichern. In dieser Zeit wurde daher strengstens überwacht, dass Mädchen ihren Körper und ihre Lust nicht entdeckten. Orgasmusfähigkeit bei Frauen wurde als medizinisches Problem angesehen, das durch Amputation und Ausbrennen der Klitoris geheilt werden sollte. Ebenso wie andere sogenannte Frauenleiden wie Nervosität, Hysterie, Wahnsinn. Die letzte Klitorisentfernung wurde 1948 in den USA bei einem fünfjährigen Mädchen vorgenommen, um sie von einer schwerwiegenden moralischen Störung zu befreien, wie die katholische Kirche Masturbation noch bis 1976 definierte. Diese Definition hatte allerdings eingeschränkten Geltungsbereich: Auf die chirurgische Entfernung der Hoden oder die Amputation des Penis, um die Masturbation bei Jungen zu verhindern, wurde verzichtet.

Die Unterdrückung der weiblichen Kraft und Zerstörung der Lebensgrundlage

Die Folge der jahrhundertelangen Abwertung des weiblichen Körpers: Wir haben gelernt, einen Körper zu *haben*, statt ein Körper zu *sein*. Noch heute haben viele Frauen Schwierigkeiten, ihren Körper, den *Tempel der Göttin*, in Liebe anzunehmen. Sie verstecken ihr Unwohlsein in der totalen Kontrolle über ihren Körper (inklusive Schönheitsoperationen) oder dessen permanente Verfügbarkeit und Leistungsbereitschaft. Viele Frauen spüren eine tiefe Sehnsucht nach der Aussöhnung mit dem eigenen Körper und der Heilung des weiblichen Schoßraumes. Die Wiederentdeckung der weiblichen Kraft – und damit der Göttin *in jeder*

Frau – geht also Hand in Hand mit der Entdeckung des weiblichen Körpers und der weiblichen Lust.

> *Die Wiederentdeckung der weiblichen Kraft geht Hand in Hand mit der Entdeckung des weiblichen Körpers und der Befreiung der weiblichen Lust.*

Der Körper und die Sexualität einer Frau sind heilig: Sie bringen neues Leben hervor. Werden diese Zugänge zum unmittelbaren Erleben des Lebens verbaut, kann sich Leben nur noch in seiner Umkehrung entwickeln. Denn das einst heilige, da mit jeder Faser lebensbejahende, auf Lust und Freude, Austausch und Verschmelzung ausgerichtete Dasein wurde unterbunden. Mit den zugenähten Schamlippen wurde auch das Tor zum Himmel verschlossen. Der Fluss der Liebe zum Leben ist unterbrochen, eine Anbindung an die göttliche Erfahrung nur noch durch die Verneinung des Lebens möglich.

Die Unterdrückung der weiblichen Natur ging im Außen mit der Ausbeutung von Mutter Erde einher: »Macht euch die Erde untertan« (Gen 1,28) ist eine direkte Folge des Muttermordes an der Großen Mutter. Wir haben eine innere Distanz zu uns und zum Leben um uns entwickelt und die gesamte Natur zur Sache erklärt. Die Folge war eine Entzauberung der Welt, wie sie etwa Max Weber (1864–1920), deutscher Religionssoziologe und Gründungsvater der Soziologie, beschreibt. Das Wunder des Lebens lässt sich weder messen, bewerten noch planen und manipulieren, sondern ist nur im unmittelbaren Einlassen und Eins-Werden mit dem Augenblick, der Umgebung, dem Austausch auf Augenhöhe möglich.

> *Die äußere Zerstörung der Natur spiegelt die Zerstörung der inneren Seelenlandschaft durch den Bruch mit der Urmutter, der Quelle des Lebens, wider.*

Ohne Anbindung und Verwurzelung ist auch das Urvertrauen massiv gestört, Sicherheit kann so nur in noch mehr Kontrolle und Überhöhung der eigenen Position gefunden werden. Das System gewinnt eine Eigendynamik. Alles, was sich nicht fügt, wird wegrationalisiert, verschwiegen oder abgetan. Geld wird zum Mammon, dem Allheilmittel gegen alle seelischen Verformungen, die der Entwurzelung folgen. Der Mammon ist im Mittelalter ein Dämon des geschäftlichen Reichtums, doch ursprünglich meint das Wort *Mammon* im Mittleren Osten das reiche Fließen der lebensfördernden Muttermilch der Großen Göttin. Wenn Jesus einst im Tempel forderte: »Du kannst nicht beiden dienen, Gott oder Mammon« (Mt 6,24–34), verlangte er dann nicht eigentlich eine Entscheidung zwischen Gott und der Göttin? Für diese Interpretation spricht auch der weitere Textverlauf, als er aufzählt, was Mutter Erde für ein Leben ohne Sorgen bereithält.

Der Geldfluss ist nichts anderes als der in unserer materiellen Welt greifbar gewordene, beliebig vermehrbare, nicht versiegende Fluss der Muttermilch. Das männliche Weltbild hat Geld als den nährenden Stoff der Männerwelt umgewandelt und dadurch Existenzängste produziert. Geld ist

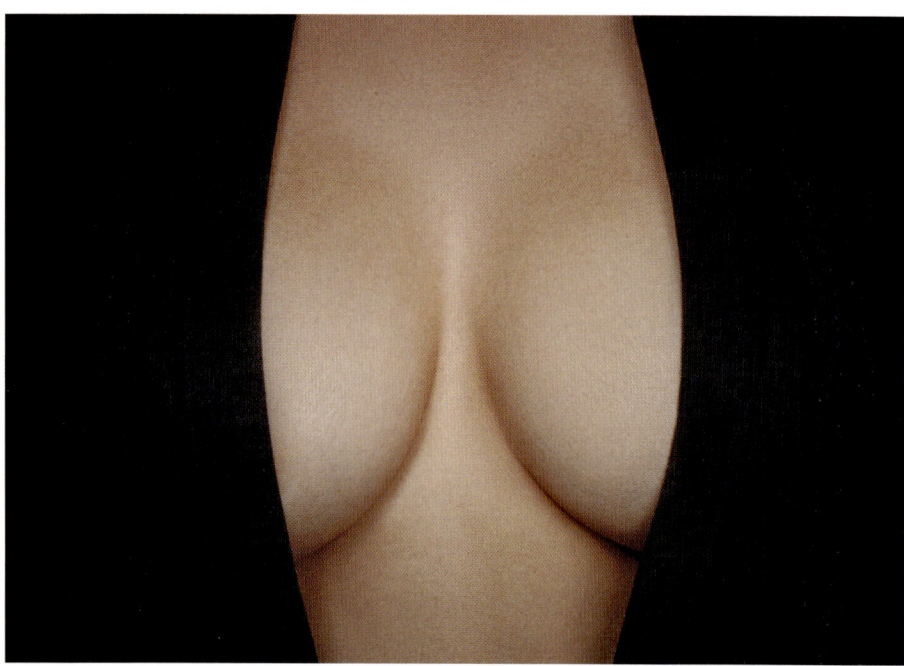

Die Vorliebe reicher Männer für üppige Brüste – wo nötig, von Chirurgenhand erschaffen – ist ein Zerrbild der üppig fließenden Milch der Großen Göttin und damit die Sehnsucht an ein Sein des bedingungslosen Versorgt- und Geliebtseins.

seinem Ursprung nach ein Symbol der Fülle und Verbundenheit und absolut unproblematisch, solange es Mittel und nicht Zweck ist. Missbraucht aus Gier und Machtlast oder verteufelt, führt es ein Eigenleben im Schattenreich des Unterbewusstseins mit unschönen Blüten und wird zur Gefahr für die Allgemeinheit. Fraglich, ob *Lehman Sisters* wohl auch eine Finanzkrise ausgelöst und die Welt an den Rand des Abgrunds geführt hätten.

Das Geldwesen ist seinem Ursprung nach urweiblich: Muttermilch und Geld in Fülle. Sich daran zu erinnern, lässt erahnen, dass es weibliche Werte sind, die in eine Gemeinschaft des Wohlseins für alle führen.

In einer männlich dominierten Welt haben wir unsere Wurzeln verloren. Im Laufe der Zeit ist ein ausdifferenziertes Gedankengebäude entstanden, das vergessen machen soll, dass am Anfang eines jeden Lebens die Mutter steht. So gesehen ist das englische Wort für Geschichte, nämlich *his-story*, entlarvend: Männlich dominierte Geschichte zielt darauf ab, das Urweibliche und Geheimnisvolle, nämlich *mystery*, zu verdrängen. So mussten wir alle mit einem Weltbild aufwachsen, das auf verfälschten, da widernatürlichen Annahmen über das Leben an sich und die kulturellen und spirituellen Wurzeln der Menschheit aufgebaut ist. Und auch wenn wir persönlich vielleicht nicht mehr den Eindruck haben, dass moderne Frauen heute noch einem männlichen Wertesystem ausgeliefert sind, so wirken die Strukturen und Geschichten doch im kollektiven Unterbewusstsein weiter.

Daher ist es so wichtig, die Dinge nochmals beim Namen zu nennen. Nur wer die Ursachen seiner Krankheit kennt, kann heilen! Claudia von Werlhof (*1943), emeritierte Professorin für Frauenforschung, bringt es auf den Punkt, dass das Gesellschaftssystem des Patriarchats, wie es sich in den letzten 5000 Jahren entwickelt hat, als Versuch gesehen werden muss, Frauen und die Natur zu ersetzen. Sie sagt: »Unter Patriarchat verstehe ich die Vorstellung, dass das männliche Geschlecht schöpferisch sei und nicht das weibliche. So versucht man ständig zu beweisen, dass die Schöpfung von

Wer die weibliche Kraft unterschlägt, beraubt sich seiner Wurzeln, und Leben wird zum Überlebenskampf.

den Männern, ihren Institutionen, ihrer Herrschaft und ihrer Technik kommt und nicht von den Frauen, ihrer Kultur und der Natur. Demnach sei das Leben eigentlich eine männliche Erfindung, und ein männlicher Gott sei dessen Schöpfer. Der dazu stattfindende Transformationsprozess wird definiert als technischer Fortschritt« (Quelle: Kirsten Armbruster *Matrifokalität – Mütter im Zentrum*).

Transformation, einst heilvoller Wandel im Zyklus des Lebens, wurde zur starren Veränderung auf der Suche nach dem stetig Neuen. Die Folge ist ein Zerstörungswahn, der täglich neue Blüten treibt. Das Leben auf dem Planeten Erde steht am Abgrund. Arten sterben aus, Naturkatastrophen nehmen zu, das Klima erschwert Leben in der Zukunft, Wasser wird knapp; gleichzeitig gibt es so viele bewaffnete Konflikte und Kriege wie noch nie. Immer mehr Menschen wünschen sich ein Ende dieses Irrsinns. Leben soll wieder im ursprünglichen Sinne heilig und Wandel heilsam werden. Krisen sind daher auch Chancen. Lasst uns die Krise als Sprungbrett nutzen und uns mit der Kraft des Weiblichen aus dem Morast ziehen. Die Gelegenheit ist jetzt!

Fürbitten an die All-Mutter

Gib uns die Kraft,
der Sehnsucht unserer Herzen
mit Hingabe zu folgen.

Gib uns den Mut,
unsere Liebe und unsere Träume
miteinander zu teilen
und unsere Wildheit vollmächtig zu leben.

Gib uns die Offenheit
für Herzberührung in jeder Begegnung.

Gib uns die Weisheit,
Schmerz wahrzunehmen
als Zeichen unseres Verbunden-Seins
und die Wunden eigenmächtig zu heilen.

Gib uns die Stärke,
unser Leid liebevoll zu umarmen
und mit heiliger Liebe zu wandeln.

Gib uns die Entschlossenheit,
unsere heilige Wahrheit
zum Wohle des Ganzen zu leben
und unserer Seele stets treu zu sein.

Gib uns das Vertrauen,
um auch in schwierigen Zeiten
im Lebensfluss zu bleiben
und deine Schönheit zu genießen.

Gib uns die Einsicht,
Schwächen und Fehler
als Gelegenheit zu tieferem Verstehen
liebevoll anzunehmen.

Gib uns die Klarheit,
unsere Gefühle als Botschaften der Seele
offenherzig miteinander zu teilen.

Gib uns das Bewusstsein,
die Heiligkeit aller Wesen
in jedem Augenblick
zu achten und zu ehren,
um miteinander im Einklang zu leben.

Schenke uns die Leichtigkeit,
unseren Lebensweg gemeinsam zu tanzen
in der Freude des All-Verbunden-Seins.

Freiheit für die weibliche Kraft im 21. Jahrhundert

Ein gewisses Maß an Ent-Täuschung bleibt uns allen bei der Rückschau sicherlich nicht erspart. Doch ist es letztlich leichter anzuerkennen, dass die Menschheitsgeschichte eine ideologische Prägung hat, die uns auf Dauer vom Lebenskontext abschneidet und dazu führen könnte, dass sich die Menschheit auslöscht, als die Augen davor zu verschließen und weiter im Lügenmärchen mit all den wahrscheinlichen negativen Folgen verstrickt zu sein. So können wir konstruktiv damit umgehen und hoffnungsvoll nach vorn schauen. Wir befreien uns vom Ballast der Vergangenheit und machen uns auf den Weg, männliche und weibliche Kräfte wieder in Liebe zum Leben miteinander zu vereinen und damit die Wunden in uns und in der Welt zu heilen. Diese Kräfte in uns auszusöhnen, ist der Schlüssel zum Ausgleich der zerstörerischen Kräfte in der Welt. Freiheit für die weibliche Kraft bringt Freiheit für Frau und Mann im 21. Jahrhundert.

Noch ist das Leben aus dem Lot, da die weibliche Kraft als Integrationspunkt aus unserem Bewusstsein verdrängt worden ist.

Die Folge sind verdrehte, also das Leben verhindernde Entscheidungen, die den Lebensfluss an sich sowie das Leben als Frau und Mann beschweren. Frei fließend sind die Urkräfte lebensfördernd; nur aus dem Gleichgewicht geraten zeigen sie ihre zerstörerische Seite.

Eine fehlgeleitete Männlichkeit, die sowohl in Männern wie Frauen verquerlaufen kann, hat allerorten zu den Katastrophen dieser Welt geführt. Alle Krisen und Katastrophen lassen sich in einem Punkt zusammenfassen: Wir erleben eine *Krise der Menschlichkeit*. Wir lassen es geschehen, dass Kinder in Kinderpornografie-Ringen organisierter Kriminalität systematisch missbraucht werden; wir nehmen billigend in Kauf, dass Menschen in

Aus der Utopie des Mannes, die Natur umkehren zu können, ist eine verkehrt männliche Natur geworden.

Jeden Tag, den wir verstreichen lassen, geht die Zerstörung des Lebens auf der Erde weiter.

Chemikalien stehend in permanenter Lebensgefahr für uns billige Kleidung produzieren, um diese dann in der nächsten Saison wegzuwerfen; wir haben akzeptiert, dass unsere Nahrung und Kinderspielsachen Gift enthalten; wir lassen zu, dass Flüchtlinge wie Vieh behandelt werden; und wir nehmen die Naturzerstörung und den Raubbau an der Natur aus wirtschaftlichen Interessen hin – um nur einige Beispiele aus dem Topf der drängenden Probleme zu nennen. Aus urweiblicher Sicht, die das Leben achtet und ehrt, ist das nicht hinnehmbar! Jeden Tag, den wir verstreichen lassen, ohne wirklich hinzuschauen und zu beginnen, selbst die Veränderung zu sein, die wir uns wünschen, zerstören wir weiteres Leben. Stattdessen sollten wir alle unsere Kräfte bündeln und darauf richten, Leben zu fördern und aufblühen zu lassen. Es ist nicht die Schuld der anderen, hinter der wir uns verstecken können. *Schuld* ist ohnehin keine Kategorie, die uns in die Zukunft führt. Schuld ist ein Konzept wider die Natur, denn im Leben gilt allein das Prinzip von Ursache und Wirkung. Schuld verstellt den Blick auf faule Werte.

> *Wer die Probleme der Menschheit lösen möchte,*
> *mache sich daher nicht auf die Suche nach Schuldigen,*
> *sondern gehe bis zur Ur-Sache, dem Urgrund allen Seins.*

Was uns zur Problemlösung fehlt, ist die Einbeziehung der weiblichen Kraft mit ihrer integrativen Ordnungsmacht, aus der heraus sich Leben zum Wohle aller entfalten kann.

Wir halten ganz klar fest: Es geht nicht um »die bösen Männer« und »die guten Frauen« und es reicht auch nicht zu sagen, alles wird besser sein, wenn Frauen die Führung übernehmen. Nein. Es geht darum, die überholten Kategorien von Frau und Mann zugunsten der Kategorie Mensch hinter uns zu lassen und dem Weiblichen als sinnstiftender Lebenskontext, sowohl in Frau wie Mann, also auch in der Gesellschaft, Raum zu geben. Ziel ist es, die Unordnung im Kräftespiel männlich/weiblich durch die Wiederentdeckung der weiblichen Kraft auszubalancieren. Da es im Leben keine Trennung von innen und außen gibt, sondern alles mit allem verbunden ist, sind die Energien sowohl in uns als auch in den Strukturen in Unordnung geraten.

Den Blick für die Schönheit, Vollkommenheit und natürliche Ordnung des Lebens gilt es zurückzugewinnen, damit sich Leben zum Wohle aller entwickeln kann.

Unsere Vorstellungen von männlich und weiblich sowie von Frau und Mann sind durch die Verdrehung der Jahrtausende so ins Chaos gestürzt worden, dass wir uns erst einmal klar machen müssen, worin eigentlich der Unterschied zwischen den Begriffen Mann/Frau und männlich/weiblich liegt und worin bisher die Verdrehung und die Missverständnisse zwischen den Geschlechtern lagen, die eine Aussöhnung verhindert haben. Danach können wir beginnen, den Urkräften des Lebens ihre jeweiligen Energien zuzuordnen, sodass wir als Mann und Frau unsere vollen Potenziale entfalten können.

Lasst uns die Resettaste drücken und noch einmal ganz von vorn im Hier und Jetzt beginnen.

Die Gleichberechtigung springt zu kurz

Was ist weiblich, was ist männlich? Diese Frage heute noch zu stellen, findet sicher nicht jede/r zeitgemäß. Denn haben nicht vor 40 Jahren Feministinnen und dann Wissenschaftler lang und breit dieses Thema beackert – ohne zielführende Ergebnisse? Ich sage: Kein Zeitpunkt ist besser geeignet als der heutige. Denn die Welt befindet sich in einer Phase des Umbruchs, taumelt und sucht nach Wegen in eine lebenswerte Zukunft. Dazu gibt es erstmals eine Generation junger Frauen, die ohne Einschränkungen aufwachsen konnten, in ihrem Selbstwert, ihren Stärken und Talenten gefördert wurden, die sich ihr Leben nach ihren Wünschen ausrichten konnten und keinem Rollenklischee entsprechen mussten. Frei von Erwartungen, nur sich selbst verantwortlich. Und auch wenn sich die neue Freiheit hier und da noch etwas eng anfühlt, etwa mit Blick auf die Vereinbarkeit von Beruf und Familie, Lohn-Gap oder die paritätische Verteilung von Frauen und Männern in Führungspositionen, so stellt das für viele Menschen ein Klagen auf hohem Niveau dar und keinen Grund für feministische Parolen. Und mag es auch unser gutes Recht sein, das Erreichte auszukosten und Vergangenheit Vergangenheit sein zu lassen, so entspringt in meinen Augen daraus doch auch eine Verantwortung für uns junge Frauen: Nutzen wir die gewonnene Freiheit, um intuitiv und wahrhaftig zu fragen, was *weiblich sein*

Das gemeinsame Ziel: eine lebenswerte Zukunft.

im Kern bedeutet! Lasst uns eine Antwort aus dem eigenen Selbst-Bewusstsein, dem eigenen Spüren heraus, ohne Zwänge von außen finden.

Dies alles ist grundlegend für das Leben, das aus der Verschmelzung von Mann und Frau entsteht, aber auch für unsere Gesellschaft. Im Grunde lässt sich jedes gesellschaftliche Streben auf Fragen der eigenen Identität, auf sexuelle oder familiäre Energien zurückführen und ist damit an das Geschlecht gebunden. Doch auf diesem für das Zusammenleben der Menschen so wichtigen Gebiet herrscht Ahnungslosigkeit, Unwissenheit und Verwirrtheit.

Seit den Sechzigerjahren verdauen wir in der westlichen Welt die Erkenntnis, dass es sogar aus biologischer Sicht nicht immer einfach ist, eine geschlechtliche Zuordnung von Personen vorzunehmen. Das Geschlecht ist eher ein Kontinuum, die Geschlechtsbestimmung lässt Varianzen zu und ist nicht immer eine Punktentscheidung. Seither wird oft die Meinung vertreten, das Geschlecht sei vor allem sozial konstruiert. Es gebe keinen wesentlichen Unterschied zwischen Mann und Frau; allein Sozialisation und geschlechtliche Prägung durch die Eltern und das gesellschaftliche Umfeld brächten geschlechtstypische Unterschiede im Verhalten und Charakter hervor. Der Ansatzpunkt war für die Anerkennung der Menschenwürde der Frau und die rechtliche Gleichstellung äußerst bedeutsam. Letztere anzustreben war unverzichtbar. Immerhin wurden Frauen jahrhundertelang unterdrückt, in Deutschland existierten noch bis in die Siebzigerjahre große rechtliche Ungleichbehandlungen – von gesellschaftlicher und moralischer Gängelung der Frauen gar nicht zu reden. Wahre Freiheit ist ein Akt der Selbstermächtigung.

Beim Thema Gleichberechtigung geht es nicht um Gleichmacherei, sondern um Gleichwertigkeit beziehungsweise Einheit in der Vielfalt, weil jeder allein durch sein Da- und Sosein für das Leben bedeutungsvoll ist.

Geschlechterkonstruktionen gehen am Kern vorbei

Gender-Mainstreaming, also der Blick, der sich aus der Unterscheidung nach *Sex* (biologisches Geschlecht) und *Gender* (sozial konstruiertes Geschlecht) ergibt, eignet sich hervorragend, um strukturelle Ungleichheiten aufzuspüren und sich ihrer bewusst zu werden. Schließlich wollen wir alle in einer freien Gesellschaft leben, in der sich jeder ohne Diskriminierung – offen oder verdeckt – entfalten kann. Gender, das sozial konstruierte Geschlecht, erreicht jedoch die Herzen der Menschen nicht. Häufig wird es als Gleichmacherei verstanden und als zu verkopft aufgefasst. Das Weibliche ist anders und das ist auch gut so.

Die Unterscheidung von *Gender* und *Sex* ist einmal mehr ein Gedankenkonstrukt, das auf Teilung und Trennung aus ist, und greift auch deswegen zu kurz, weil die Anbindung an die universelle Lebensenergie fehlt. Daher wird es gerade von jungen Menschen eher belächelt als angenommen – und nicht etwa, weil alle Ungleichheiten schon beseitigt wären. Junge Leute spüren intuitiv, dass Mann und Frau vor allem eines sind: lebendige, beseelte Wesen. Seelen differenzieren nicht zwischen Sex oder Gender – genauso wenig, wie diese Zuschreibungen den im Menschen innewohnenden Qualitäten männlich/weiblich Rechnung tragen. Die Unterschiede formen das Leben als Ganzes, ohne zu trennen.

Gender als Konstruktion geht am beseelten, lebendigen Leben vorbei.

Durch die Ungleichbehandlung von Mann und Frau lag der Fokus all die Jahre auf der Befreiung der Frau vom Mann, also von Bevormundung und Rollenfestschreibung. Doch die sogenannte *Befreiung* vom Mann führte und führt sogar noch tiefer in die Abhängigkeit. Im Streben nach Emanzipation konstruierte sich die Frau als gleichwertig zum Mann. Sie wollte die gleichen Rechte, die gleichen Freiheiten, die gleichen Aufgaben, die gleiche Macht und so weiter. Und obwohl diese Forderungen alle wichtig und richtig sind, bleiben sie doch hinter dem zurück, um was es eigentlich geht. Es geht um die Befreiung der Weiblichkeit als wesentliche Qualität des Lebens. In einer Männerwelt ist der Mann das Original und die Frau die Kopie. Und egal, wie sehr wir uns anstrengen und versuchen, den besseren Mann abzugeben: Frauen sind und werden niemals Männer. Im Gegenteil, damit entfernen wir uns immer weiter vom eigenen Kraftpunkt in uns. Denn die Kraft einer Frau liegt nicht im Außen, im Auftreten wie ein Mann, sondern im Inneren, in ihrer Weiblichkeit verborgen. Gleiches gilt im Grunde auch für den Mann. Auch er findet Zugang zu seiner lebensfördernden, männlichen Kraft nur in seinem Inneren. Dort erschließt sich ihm auch die Anbindung an die integrative, weibliche Kraft. Mann und Frau sind einengende, die Welt vorinterpretierende Kategorien und haben ihren Bezug zu den befreienden Urkräften des Lebens männlich/weiblich verloren. Kein Wunder, denn wer weiß schon noch, woher die Begriffe eigentlich stammen und welche fatale Umdeutung sie im Laufe der Geschichte erfahren haben?

> *Solange wir im polaren System Mann/Frau verharren, bleiben Frauen zweitklassig und die Kraft des Weiblichen kann sich nicht zum Wohle aller entfalten.*

Selbstbewusstsein im Wissen um die Bedeutung der weiblichen Kraft für das Leben

Im Volk wurden die weisen Frauen auch *Matrones*, Volksmütter genannt. In diesem Wort kommt die enge Bindung der weisen Frauen zur *Mond- und Seelenmutter* zum Ausdruck, denn das Wort *manes* bedeutet *Seelen*. Das uralte bedeutungsvolle Wort *mane* (= Mensch) bezieht sich auf den göttlichen Ursprung der Mondmutter, der einen Mutter, die alles Leben gebar. Bei Barbara Walker kann im Buch *Das geheime Wissen der Frauen* nachgelesen werden, dass *Man* bei allen Stämmen Europas mit Mond, also Schöpferin aller Wesen, bezeichnet wurde: Vom Mond sind der Zyklus der Frau und die Vegetationsperioden abhängig. Selbst in Rom war *Mana* die Mutter. Und auch die Wortwurzel aus dem Sanskrit *man* bedeutet *Mond* und *Weisheit* und beschreibt somit die Attribute der Großen Göttin. Im Altnordischen stand das Wort *man* noch für Frau; das Wort für Mann lautete *wer*. Die Verdrehung der ursprünglichen Zuordnung findet hier wohl ihren Höhepunkt: Frau heißt eigentlich *Man* – die Umschreibung kam in dem Maße, wie Männer versuchten, sich die Eigenschaften von *Man* zur Stärkung der Machtposition anzueignen. Da *Ma* die Ursilbe für das Mütterliche ist und auf natürlichem Wege eine Wandlung der Männer in Mütter wohl kaum möglich ist, wurde eine Wortanpassung notwendig.

> *Der Höhepunkt der Verdrehung der Geschlechterordnung: Frau heißt* **man** *und Mann heißt* **wer**.

Hierarchien, Stereotypen, Rollenklischees machen sich an äußerlichen Erscheinungen fest und sind allesamt

Die Gleichberechtigung springt zu kurz **103**

von Menschen als Ordnungssysteme erdacht. Sie haben mit der ursprünglichen Ordnung des Lebens nichts zu tun. Es geht darum, die Kategorie *Mann/Frau* zugunsten von *männlich/weiblich* hinter uns zu lassen. Für eine lebenswerte Zukunft geht es darum, sich der Qualitäten von weiblich und männlich für das Leben bewusst zu machen. Ein Weg, der zurück zum Ursprung und in die Zukunft führt. Das Urweibliche integriert das Weibliche und Männliche. Die weibliche Kraft verbindet die Polaritäten im All-Einen.

Weiblich und männlich als Polaritäten des Lebens

Auch wenn es körperliche Bedingtheiten gibt und das Weibliche durch die Fähigkeit zu gebären eine natürliche Vorrangstellung hat, so ist der Mensch doch mehr als sein Körper. Der Mensch besitzt wie jedes Lebewesen Seelenqualitäten, die ihn auszeichnen. Die Frage nach weiblichen und männlichen Eigenschaften setzt auf dieser Ebene an und kann daher nicht ausschließlich körperlich oder sozial-kulturell beantwortet werden. Das lässt sich schon daran erkennen, dass »Frau und weiblich« oder »Mann und männlich« in unserer moralisch gelockerten Zeit nicht mehr deckungsgleich wahrgenommen werden müssen. Dies hängt zum einen mit der Freiheit zusammen, sich individuell ausdrücken zu können, aber in ganz entscheidendem Maße auch damit, dass uns das intuitive Gefühl dafür, was weiblich und was männlich ist, verloren gegangen ist. Durch die jahrtausendealten Umschreibungen der weiblichen Urvergangenheit ist unser inneres Koordinatensystem, das uns selbst und im Austausch mit anderen Richtung gibt und im Ganzen verortet, verrutscht.

Die strenge polare Geschlechterzugehörigkeit löst sich immer mehr auf. Die Akzeptanz von Menschen, die den gängigen Vorstellungen nicht entsprechen, wächst. Dies ist immer dann der Fall, wenn die weibliche Kraft in einer Gesellschaft auf dem Vormarsch ist. So auch die Toleranz für intersexuelle Menschen, die keinem Geschlecht zugeordnet werden können. Für die Medizin sind diese Menschen oftmals nur »Syndrome«, weil eben nicht sein kann, was nicht sein darf. Das Leben verneint.

Loslösung vom Geschlecht als Ordnungssystem

Trägt es zur allgemeinen Verwirrung bei, dass die Frage nach Mann und Frau im Grunde gar nicht wesentlich ist? Nein, es ist ein wichtiger Erkenntnisschritt, um innerlich frei zu werden. Anzuerkennen, dass auch das biologische Geschlecht nicht so eindeutig zuzuordnen ist, wie wir gemeinhin annehmen, ist hilfreich, sich von der Vorstellung Mann/Frau zu lösen, um für das Wesentliche und das ganze Potenzial der Kräfte frei zu werden.

Wir haben bereits gesehen, dass uns das Alltagsverständnis bei der Suche nach der geschlechtlichen Identität keine hinreichenden Informationen und Hilfestellungen bietet. Auch der Blick in andere Kulturen oder in die Vergangenheit zeigt nur, dass die Hoheitsdeutung der herrschenden Klasse unterliegt – das sind und waren vor allem Männer.

Gut möglich, dass wir für diese Frage weit zurückgehen beziehungsweise uns von der materiellen Welt ein Stück lösen müssen. Denn auch unsere Vorstellungen von *männlich* und *weiblich* sind mit großer Wahrscheinlichkeit im Laufe der Jahrtausende verdreht worden.

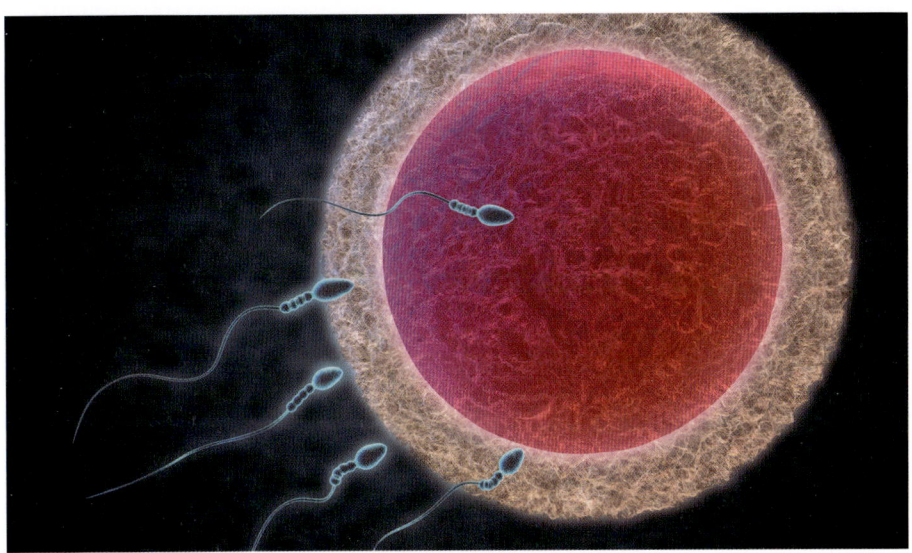

Die passive Eizelle und das aktive Spermium sind ein männlicher Mythos.

Der Mythos der passiven Eizelle, die vom aktiven Spermium – im Wettstreit mit anderen Spermien – befruchtet wird, ist ein solches Beispiel, das inzwischen entlarvt ist. Es ist die Eizelle, die die Spermien anzieht und in die nicht der Schnellste eindringt, sondern der von der Zelle Erwählte. Nach welchen Kriterien dies passiert, ist bis heute ein Geheimnis. Die Spermien kämpfen jedenfalls auch nicht um die Vorrangstellung, sondern *kooperieren*, damit möglichst viele bis zur Eizelle gelangen können.

Was wir daraus lernen: Auch die Wissenschaft ist vor Eintrübungen der Sicht durch das herrschende Weltbild nicht gefeit, und so ging uns jahrzehntelang eine zentrale Erkenntnis über das Leben durch die Lappen:

Kooperation statt Kampf ist zielführend und fördert das Leben.

Weiblich und männlich als Triebfedern in jedem Menschen

Männlich und weiblich sind Energien oder Kraftpole, innerhalb derer Leben entsteht und sich fortwährend entwickelt. Die Lebensenergie *Chi*, ein zentraler Begriff im Daoismus, der für die vitale Lebenskraft steht, erfährt ihre Belebung aus der Aufladung und Entladung der männlichen und weiblichen Energie im Körper. Im Menschen wirken stets beide, männliche wie weibliche, Kräfte. Je nachdem, in welcher Qualität diese Kräfte fließen, entwickelt sich die Persönlichkeit eines Menschen, die unabhängig von Geschlecht und Aussehen männlich oder weiblich geprägt sein kann. Diese Variabilität geht Hand in Hand mit der körperlichen Varianz der Geschlechterbestimmung und trifft wohl auch auf die Transgender-Menschen zu, die uns vor Augen führen, dass Menschsein nicht auf Mann oder Frau zu reduzieren ist. Wer den Urkräften auf die Spur kommen möchte, also freien Zugang zu den ursprünglichen Energien ersehnt, sollte keine Seite vorschnell ausgrenzen, sondern beide Kräfte in sich anerkennen, wahrnehmen und tabulos damit umgehen. Erst dann entwickelt sich das volle Potenzial eines Menschen – losgelöst von seinem Geschlecht beziehungsweise der inneren Gebundenheit an eine Seite.

Männliche oder weibliche Qualitäten sind Seinszustände und keine stereotypen Eigenschaften. Wie wir unsere Weiblichkeit oder Männlichkeit leben – also positiv, negativ oder unterdrückt –, erzeugt bestimmte Qualitäten des Lebens im Außen.

Insofern geht es bei der Forderung nach mehr weiblichen Kräften in der Welt nicht um die Vormachtstellung der biologischen Frau; bedeutsam ist auch die Entwicklung weiblicher Qualitäten im Mann und vor allem als im Außen wirksame Kräfte. Dies funktioniert jedoch nur, wenn auch die männlichen Qualitäten bewusst wahrgenommen und gelebt werden. Für Frauen und Männer ist die positive Auseinandersetzung mit der eigenen Weiblichkeit oder Männlichkeit meist eine Herausforderung. Angst, sich zu offenbaren und einfach zu sein statt zu entsprechen, steckt dahinter. Frauen interpretieren diese Aufforderung sogar als Kampfansage. Weiblichkeit ist in ihren Ohren gleichbedeutend mit dem Wort *Weib* oder *Weibchen* »ohne Vernunft und Verstand«. Doch das Gegenteil ist der Fall: Es geht um die Entdeckung eines neuen uralten Selbstverständnisses von Weiblichkeit und damit um Menschlichkeit, Schöpfungskraft, Freiheit, Liebe und Freude am Leben.

Männliche und weibliche Qualitäten lassen sich auf die Energie der Chakren zurückführen und bestimmen die Qualität unseres Lebens.

Chakren als Zentren männlicher und weiblicher Qualitäten

Genauso wie wir männliche und weibliche Kräfte positiv leben können, so können wir die Energien natürlich auch negativ ausfüllen oder in der Vermeidung der Energien leben. Das Leben mag dann schmerzfrei sein, aber auch nicht mehr lebendig. Bei der Frage nach männlich-weiblich geht es also um eine ganzheitliche Betrachtung des Menschen und seiner Fähigkeit, das Leben bewusst zu erleben.

Eine ähnliche Bedeutung kommt den *Chakren* im Körper eines Menschen zu. Das sind die feinstofflichen Energiezentren, die seit Jahrtausenden bekannt sind – ein Hinweis auf die Unverfälschtheit der Erkenntnis. Hellsichtige Menschen können diese auch sehen. Interessanterweise ist jedes Chakra entweder männlich oder weiblich gepolt, was sich auch in der unterschiedlichen Drehrichtung des Energieflusses zeigt. Ihre Anschubenergie erhalten sie von der weiblichen Schöpfungsenergie *Kundalini*, die sich im Rücken an den Chakren vom Anus bis zum Scheitel in zwei Kanälen hochschlängelt, dem männlichen und weiblichen Kanal. Hier schließt sich auch der Kreis zur Schlange, die uns gleichsam wie die dazu passende Zahl 13 auf eine höhere Ebene hebt. Die Schlange verkörpert auch die weibliche Schöpfungskraft, die als Kundalini-Energie durch die Chakren strömt.

Bei unserer Suche nach Antworten auf die Frage nach männlichen und weiblichen Qualitäten gelangen wir in die Tiefen des menschlichen Seins, zu den energetischen Grundbausteinen des Lebens.

Durch die Chakren fließt die universelle Lebensenergie. Laufen unsere Chakren harmonisch, verläuft auch unser Leben im Einklang mit unserem inneren Wesen, den Lebensqualitäten und der göttlichen Ordnung. Da wir uns jedoch so weit von der Quelle ent-

*Chakra heißt übersetzt **Rad**,*
das als Symbol die ewige heilige Ordnung
der Urmutter verkörpert und unmittelbar von der
universellen Urquelle angetrieben wird.

fernt haben und in innerer wie äußerer Unordnung leben, sind die Chakren bei den meisten Menschen nicht voll aktiv oder sogar blockiert, das heißt die Energie staut sich. Viele Menschen leben daher in einem energetischen Mangel oder Überdruck durch die Blockade ihrer Chakren. Im Außen erzeugt dies wiederum Leben erschwerende Umstände.

Die Kundalini-Kraft ist die urweibliche Lebenskraft in uns. Sie aktiviert die Chakren und ist der ursprüngliche Äskulapstab, der Leben fördert, damit es erst gar nicht kuriert werden muss.

Die weibliche Kraft befeuert die Chakren

Bei der Beschäftigung mit den Hauptchakren, die jeweils abwechselnd männlich und weiblich sind, sowie der Aura eines Menschen wird klar, dass wir – egal, ob Mann oder Frau – alle Energien für ein erfülltes Leben benötigen. Diese Energien stehen uns bedingungslos zur Verfügung. Sie verströmen beständig ihre Energie gleich dem beständigen Ausatmen seit Anbeginn der Zeit. Die weibliche Schöpfungsenergie strömt unendliche Liebe aus, oder anders gesagt: Leben ist Liebe. Die intime göttliche Erfahrung können wir uns selbst verbauen, wenn wir zum Beispiel im Negativen verharren, Dramen inszenieren, andere und uns bewerten, kurz gesagt, die Schönheit des Lebens mit dem Herzen nicht sehen können und von dem Gefühl der Dankbarkeit abgeschnitten sind. Dabei sind wir es selbst, die uns blockieren – ob bewusst oder unbewusst, spielt energetisch keine Rolle, denn die Kräfte wirken auch ohne unser Verständnis über sie.

Wenn wir mit dem Glaubenssatz leben, gewisse (vermeintlich) männliche oder weibliche Eigenschaften seien schädlich für uns, oder wenn diese durch unsere Erziehung und Kultur negativ besetzt sind oder womöglich Sanktionen im Außen hervorrufen könnten, dann drehen wir innerlich den Energiehahn zu. Wir sind dann von jenen Qualitäten abgeschnitten, die in uns veranlagt sind und im Zusammenspiel unser Leben leicht, schön und inspirierend machen. Das Leben wird beschwerlich, bleibt in Schmerz und Irrsinn stecken. Wir können uns dann abstrampeln, wie wir wollen, uns fehlt dann nicht nur die abgestellte Energie, sondern wir ziehen durch die Blockade auch weitere Probleme an, die uns weiter nach unten drücken.

Die Chakren in ihrer männlichen wie weiblichen Qualität speisen sich aus der weiblichen Kraft. Wer beide integriert, kann aus dem vollen Leben schöpfen.

Wir halten also fest: Die Chakren werden von der universellen, weiblichen Schöpfungskraft gespeist und von den männlichen und weiblichen Urkräften gemäß ihrer Eigendynamik in Bewegung gehalten. Für ein erfülltes, ausgeglichenes Leben braucht der Mensch

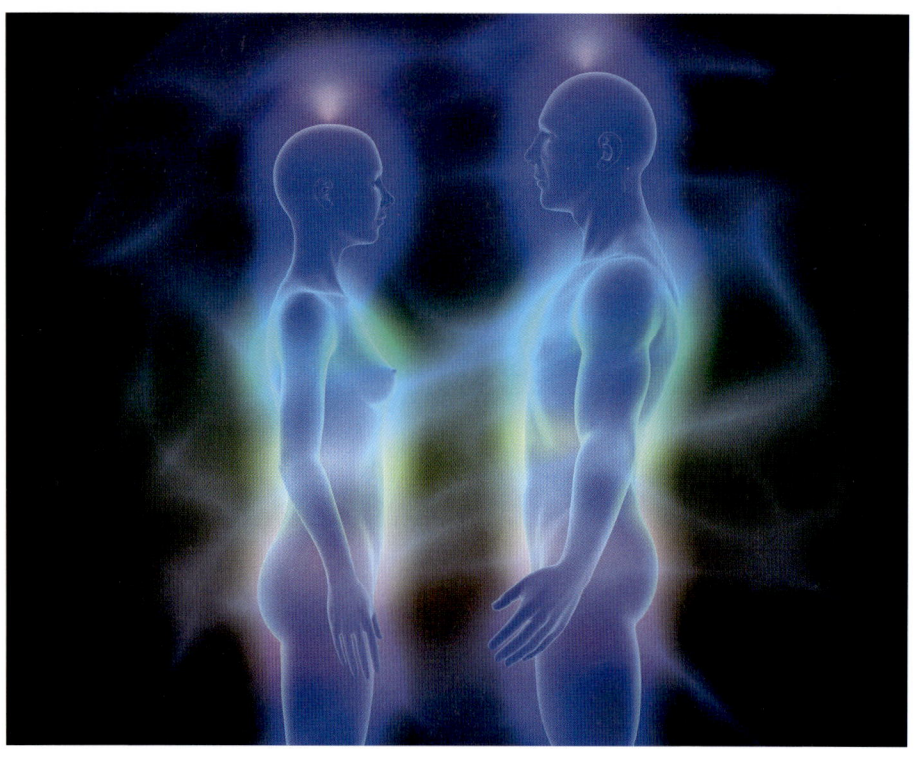

Weibliche wie männliche Qualitäten positiv gelebt fördern das Leben in seiner Ganzheit.

männliche wie weibliche Energien, damit er aus dem Vollen schöpfen kann. Dabei ist nicht die Ausgewogenheit im Sinne einer 50:50-Verteilung entscheidend, sondern dass männliche wie weibliche Energien im Menschen frei fließen und nicht unterdrückt oder künstlich inszeniert werden. So erlangt der Mensch die größtmögliche Freiheit, auf Situationen reagieren und im Fluss des Lebens Erfahrungen, Begegnungen und Erkenntnis genießen zu können. Voraussetzung hierfür ist die Wertschätzung beider Lebensenergien und ihre Befreiung von gesellschaftlichen Vorgaben und Meinungen über uns selbst. Was sich dann zeigt, sind keine Eigenschaften, die einer Frau oder einem Mann zugeordnet werden könnten, sondern Seelenqualitäten, die sich im Außen als Lebensqualitäten zeigen.

Wir können auch von Gaben sprechen, die den Menschen auszeichnen, wie es die weltbekannte Kundalini-Yoga-Lehrerin Gurmukh (*1943) formuliert. Diese Gaben pflücken wir am Baum der Erkenntnis, dem Baum der Schlange, der in uns liegt. Wie wir die Chakren, oder im Sinne von Gurmukh »Gaben des Menschen«, leben – positiv, negativ oder in der Vermeidung –, ist unsere freie Entscheidung. Die Entscheidung treffen wir, egal, ob wir uns dessen bewusst sind oder nicht. Das Leben fordert ein klares Ja zu allem, was wir tun, fühlen und denken. Daraus entspringt auch die Kraft von positivem Denken oder von Affirmationen. Ein »Vielleicht« gibt es nicht. Sage ich nicht Ja oder Nein, gehe ich in die Vermeidung und werde vom Leben überrollt und zu einer Entscheidung gezwungen.

Männliche Qualitäten fördern das Leben in seinem Bestand

Positiv gelebte Männlichkeit führt zu einem Leben in Akzeptanz und Stärke, Mut und Entschlossenheit, Wahrheit und Klarheit und größtmöglicher Freiheit im Sinne von Grenzenlosigkeit – bis hin zur Verschmelzung mit der göttlichen Quelle. Männliche Seelenqualitäten führen zu Lebensqualitäten, die dazu dienen, das Leben in seiner Struktur zu halten, den Lebensraum zu hüten, das Leben aus ganzer Seele freudig zu verkünden und zu lieben, um durch die Verschmelzung mit dem Weiblichen eins zu werden mit der göttlichen Quelle. Männliche Energie ist eine Energie des Erhaltens, Behütens, Umwerbens, Stärkens und Förderns der Gemeinschaft voller Liebe und Dankbarkeit dem Leben gegenüber. Sie hat eine *Geberqualität*. Männliche Seelenqualitäten sind in uns allen zu finden. In den meisten Fällen korrespondiert auch das natürliche Geschlecht mit den Seelenqualitäten, die in ihm stark sind; und es fühlt sich zum jeweils anderen Seelenteil hingezogen, der in ihm schwächer ausgeprägt ist. Das muss aber nicht so sein.

Negativ gelebte Seelenqualitäten führen vor Augen, wie aus jeder Stärke eine Schwäche werden kann. Fehlgeleitete Männlichkeit – im Vergleich zur positiv-kraftvollen Seite der

Männlichkeit – lässt uns erkennen, warum wir heute als Menschheit mit Phänomenen wie etwa Kontrollwahn, ungezügeltem Kapitalismus, Machtmissbrauch und Oberflächlichkeit zu tun haben.

Doch ein Umschwenken ist möglich, die Wirklichkeit ist nicht für ewig in Stein gemeißelt; zudem bleiben Menschen, in denen die männliche Kraft zu stark ist, häufig weit unter ihrem Potenzial, um für sich und in der Gemeinschaft ein erfülltes Leben zu leben. In der modernen Welt, in der immer mehr Frauen die besseren Männer sein wollen und das Negativ-Männliche in einer gesteigerten Version leben, dreht sich die Negativspirale immer schneller. Dieses System hinter sich zu lassen, dafür ist jetzt der Zeitpunkt. Den Einstieg finden wir, wenn wir uns die einzelnen Lebensqualitäten anschauen, die aus den positiv gelebten Seelenqualitäten entspringen. Die Seelenqualitäten korrespondieren mit den Chakren.

Das Wurzel-, Solarplexus-, Hals- und Kronenchakra geben Auskunft über die männlichen Qualitäten und ihren förderlichen Beitrag zum Leben.

Akzeptanz und Stärke

Akzeptanz ist eine grundlegende Lebensqualität. Akzeptanz von dem, was ist, ist die Bedingung dafür, dass sich Leben im beständigen Fluss der Veränderung entwickeln kann. Nur wer sich nicht festbeißt, sondern akzeptiert und kraftvoll loslassen kann, kann sich im Laufe des Lebens zurechtfinden. Völlige Akzeptanz holt das Gefühl des Urvertrauens ins wirkliche Leben. Vertrauen und Akzeptanz sind wichtige Lebensqualitäten, da sie den Aspekt des heilsamen Wandels, den natürlichen Entwicklungsprozess des Lebens in sich integrieren und somit Leben fördern und bestärken statt verhindern.

Das Wurzelchakra entspringt einer männlichen Lebensenergie, die – positiv gelebt – Gefühle von natürlicher Stärke, Gelassenheit, Geduld und Beständigkeit ins Leben bringt. Standfestigkeit als positive Eigenschaft lässt den Menschen zu einem Fels in der Brandung werden. Drückt sich diese Energie negativ aus, kommt es zu übersteigertem Sicherheitsdenken,

Das **Wurzelchakra** ist das erste Chakra. Durch die Farbe Rot lässt es sich aktivieren.

Männliche Qualität: Akzeptanz und Stärke

Schatten-Emotion: Angst

Positiv gelebt: natürliche Stärke, Gelassenheit, Geduld, Beständigkeit und Standfestigkeit

Negativ gelebt: Sicherheitsdenken, Kontrollwahn, Misstrauen, Verbitterung, Starrsinn, Abschottung

In Vermeidung gelebt: Verantwortungslosigkeit, Risiko, Krawall

Auswirkungen auf unsere Welt: Fremdenfeindlichkeit, Technikgläubigkeit, Institutionalisierte Lüge und Betrug, Ausbeutung, Entmenschlichung

Misstrauen und Kontrollsucht; Starrsinn und Verbitterung können die Folge sein. Treibende Kraft im Leben ist dann der Wunsch nach Abschottung, der aus Angst in die Einsamkeit führt. Nicht negativ ist noch lange nicht positiv.

Wer in die Vermeidungshaltung geht und diese Energie für sich verdrängt, wird im Außen mit genau dieser Energie konfrontiert. Das sind die *Muster im Leben*, die so lange unser Leben beherrschen, bis wir in die Eigenverantwortung gehen und uns selbst ermächtigen, die Kraft des Wurzelchakras zu integrieren. Wer die Energie des Wurzelchakras verdrängt, lebt meist (unbewusst) verantwortungslos gegenüber sich selbst, seinen Mitmenschen und seiner Umgebung, geht unkontrollierte Lebensrisiken ein und kann negative Gewohnheiten nicht abschütteln. Er zieht Ärger magisch an. Nasenprobleme und Probleme im unteren Rücken sowie mit dem gesamten Bewegungsapparat – Knochen, Muskeln, Sehnen, Knorpel – können auf Energiefluss-Blockaden in diesem Bereich hindeuten.

Entschlossenheit und Mut

Das Solarplexuschakra ist als Machtzentrum in jedem Menschen vorhanden und ist eine männliche Energiequelle. Hier wohnt das Ego, das uns auf unsere Wünsche und Ziele aufmerksam macht und uns in die Lage versetzt, diese auch zu erreichen. Diese sehr ambivalente Energie ist mit Feuer vergleichbar: Dieses kann uns wärmen und ein Gefühl der Behaglichkeit und

Selbstzufriedenheit vermitteln, aber es kann uns auch von innen heraus verzehren. Feuer kann heilsam sein, aber auch zerstörerisch und raumgreifend. Entschlossenheit und Mut sind

Das **Solarplexuschakra** ist das dritte Chakra. Durch die Farbe Gelb lässt es sich aktivieren.

Männliche Qualität: Entschlossenheit und Mut

Schatten-Emotion: Wut

Positiv gelebt: Präsenz, Ausgeglichenheit, Durchhaltevermögen, Leistungswille, Gestaltungsdrang

Negativ gelebt: Unersättlichkeit, Gier, Aggression, Machtmissbrauch und Übergriffigkeit sowie die Kehrseite, d.h. mangelnde Selbstbehauptung, Verzicht auf Genuss, Selbstkasteiung

In Vermeidung gelebt: Nüchternheit, Sachlichkeit und Ichbezogenheit

Auswirkungen auf unsere Welt: Finanzkrisen, Heuschreckenkapitalismus, Immobilienblasen, Briefkastenfirmen, Agrarindustrie, Schere arm-reich, Extremismus, Terrorismus, Unterdrückung der Frauen, Menschen als Humankapital

gefragt, um – aus der inneren Mitte heraus – ausgewogene Entscheidungen treffen zu können. Diese Energie baut auf die vorangegangenen auf und ist daher störanfällig für Irritationen. Wer in dieser männlichen Kraft positiv unterwegs ist, ruht in seiner Mitte, ist selbstbewusst, also *sich seiner selbst bewusst*, kennt seine Wünsche und weiß, wie er diese so schnell und einfach wie möglich erreichen kann. Er kennt seine und die Grenzen der anderen und ist bereit, diese vor Übergriffen zu schützen. Durchhaltevermögen und Leistungswille sowie Gestaltungsdrang im Außen entspringen dieser Urenergie. Die *Schatten-Emotionen* dieser Macherseite sind Wut und Zorn. Ein in dieser Energie Ungeübter kann leicht von Wutanfällen übermannt werden. So ist es kein Wunder, dass Kleinkinder, die gerade ihr Ego und ihre Wünsche ergründen und in ihrer Entwicklung voll in der Urenergie des Solarplexuschakras sind, immer wieder auch in Wut geraten. Es ist wichtig, diese Energie als Kind auszuleben, um mit ihr als Erwachsener auf heilsame Weise umgehen zu können und vor einer verheerenden Explosion bewahrt zu sein. Unterdrückte Wut ist wie ein brodelnder Vulkan stets gefährlich und ein Krankmacher, denn die mächtige Energie ist dann nicht einfach weg, sondern richtet im Körper Zerstörung an. Heruntergeschluckter Ärger führt klassischerweise zu Magengeschwüren. Wer in der Kraft des Solarplexuschakras keine positiven Seiten für sich erkennen kann – etwa infolge von Erziehung und gesellschaftlicher Konventionen –, entscheidet sich oft für die negative Variante der Energie. Diese zeigt sich in Unersättlichkeit und Gier, aber auch in deren genauem Gegenteil – der Kasteiung und des fanatischen Versagens von Genüssen. Übergriffe aller Art bis hin zu schwerer Aggression, aber auch ein fehlendes Vermögen zur Selbstbehauptung sind dann zu beobachten: Macht wird missbraucht und zum eigenen Vorteil auf Kosten der anderen eingesetzt. Wer sich der Energie verschließt, führt ein Leben im Außen ohne Tiefgang und holt sich Seelenbalsam mittels Anerkennung durch andere. Ebenso kann sich ein Verschließen für die Energie in Nüchternheit, Sach- und Ichbezogenheit ausdrücken. Blockaden dieser Energie können Beschwerden mit Verdauung, Leber, Bauchspeicheldrüse, Magen, Darm und Blut, aber auch der Augen verursachen.

Wahrheit und Klarheit

Auch die Lebensenergie des Halschakras ist männlich: Die nach außen gerichtete Kraft will innere Kräfte nach außen geben und Leben formen. Dafür braucht es Klarheit, Übersicht und Sendungsbewusstsein. Die Kehle ist, wie wir wissen, das Organ, welches Schwingung in einen hör- und fühlbaren Ausdruck umwandelt. Sprechen und singen können wir nur, wenn Körper, Geist und Seele als eine Einheit schwingen und damit lebendiges Zeugnis sind für die Wahrhaftigkeit der all-einen Schwingung erzeugenden Kraft. Hier liegt auch die Macht der Worte und Sprache begründet: Worte und Laute geben Schwingung weiter und erzeugen dadurch im Außen Schwingung, die andere erreicht. Mit Worten erzeugen wir also unser direktes Umfeld und die Realität, in der wir leben. Singen zum Lobpreis des Lebens ist eine Form, Harmonie zu erzeugen.

Das Universum ist urweiblich und damit magnetisch. Alles, was wir sagen, fühlen und denken, wird von uns wieder angezogen und kommt zurück.

Das **Halschakra** ist das fünfte Chakra. Durch die Farbe Türkis lässt es sich aktivieren.

Männliche Qualität: Wahrheit und Klarheit

Schatten-Emotion: Leugnung

Positiv gelebt: Geselligkeit, Ausdrucksvermögen, Sinn für das Schöne, Aufrichtigkeit, Humor, Authentizität

Negativ gelebt: Selbstzweifel, Schüchternheit, Vernebelung, Fakten-Gläubigkeit und die Kehrseite, Selbstdarstellung, Rechthaberei, Schönung der Tatsachen

In Vermeidung gelebt: Klatsch und Geschwätzigkeit ohne Tiefgang, Beleidigungen

Auswirkungen auf unsere Welt: Spaßgesellschaft, PR-Wahn, Narzissmus, Schweigespirale, Social Media

Wer sich in der Energie des Halschakras wohlfühlt, kann sich mit Leichtigkeit gut und verständlich ausdrücken, singt und redet gerne und ist gesellig. Er hat sich selbst gefunden, steht zu sich und kann seinen Gedanken und Gefühlen Ausdruck verleihen – in Form von Gesang, Kunst, Tanz, Theater- oder Instrumentenspiel. Er kennt das rechte Maß und hat gelernt, für sich und andere Verantwortung zu übernehmen. Nichts wegzulassen und nichts dazuzuerfinden ist die hohe Kunst des Halschakras. Humor entsteht im Bemühen, die Wahrheit zu sprechen, ohne zu verletzen. Im Wissen um die Wahrhaftigkeit der Aussagen verlieren sie alle Sprechhemmungen aus Angst vor Bewertung durch andere.

Wer sich dieser Energie verwehrt, hat häufig Selbstzweifel und kann nicht über seine Emotionen sprechen oder diese im Außen zeigen. Er wirkt verschüchtert und abgeschnitten von seiner Lebendigkeit – gleichsam als hätte man seine Kehle abgeschnürt. Sein Innenleben und die Dinge, die er tut und sagt, stimmen häufig nicht überein. Manche Menschen überkompensieren dies im Modus des Selbstdarstellers, indem sie Geschichten über sich und andere erfinden und die Wahrheit schönen oder aufbauschen. Dies kann sich in Rechthaberei und starren Ansichten manifestieren; (vorgeschobene) Fakten sind dann wichtiger als die gelebte Wahrheit.

Leugnung ist die Schattenemotion dieser männlichen Kraft in uns. Wer sich dieser Kraft ganz entzieht, kann ausfallend in seiner Sprache werden. Oder er redet ohne Substanz, wird geschwätzig. Tratsch und Klatsch sind Ersatzbefriedigungen für eigene Wahrhaftigkeit, und Anschuldigungen gegenüber anderen sind ein Mittel, um sich nicht mit ihnen beschäftigen zu müssen. Das Leben kann bewusst Situationen bereithalten, in denen Demut gefordert ist, um das rechte Maß des Selbstausdruckes zu üben. Blockaden in diesem Bereich deuten sich durch Probleme mit den Ohren, dem Hals, Nacken und der Kehle sowie dem Teint an. Auch die Schilddrüse korrespondiert mit dieser Energie: Die Über- oder Unterfunktion der Schilddrüse bereitet häufig Frauen Probleme, was bedeutet, dass ihre Wahrheit bisher keine Ausdrucksform gefunden hat oder die Frauen selbst noch nicht in der Lage waren, ihren innersten Kern nach außen zu bringen. Ein Zeichen dafür ist auch ihre unnatürlich höhere Stimme.

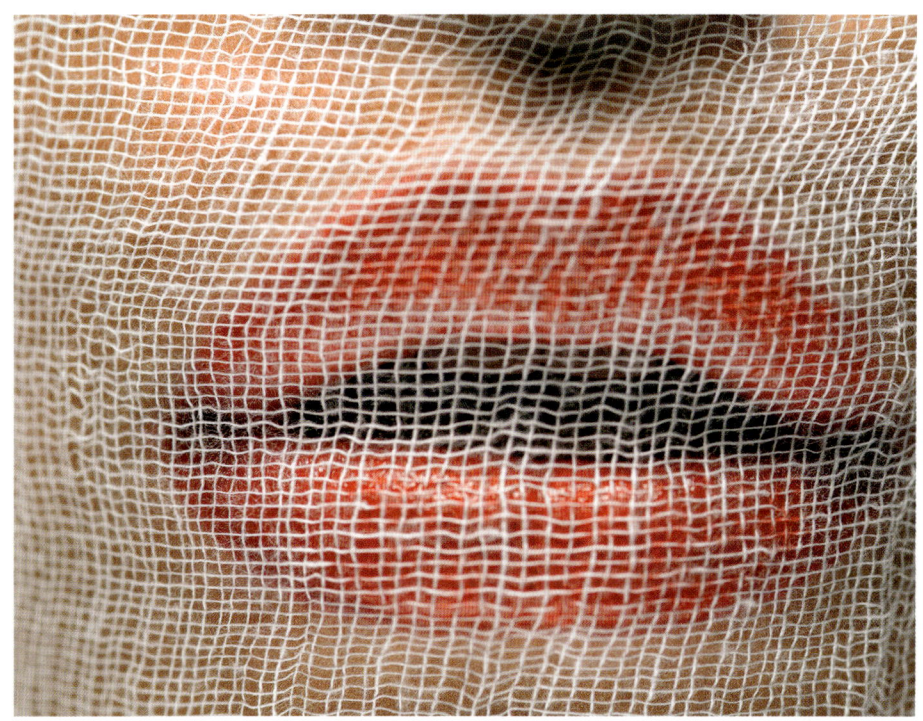

Das Wort von Frauen wird in der Öffentlichkeit noch immer wenig gehört.

Männliche Qualitäten fördern das Leben in seinem Bestand

Grenzenlosigkeit und Verschmelzung

Im Kronenchakra schlummert das Potenzial, sich mit der göttlichen Quelle geistig zu vereinen. Nur wahrhaft Erleuchteten gelingt es, das siebte Chakra in voller Kraft auf Erden zu leben.

Ihnen allen ist gemein, dass sie grenzenlos im Fühlen, Handeln und Denken sowie ähnlich der Quelle selbst überbordend im Geben sind. Martin Luther King jr., Mutter Teresa oder Mahatma Gandhi sind hier zu nennen. *Mahatma* heißt übrigens so viel wie »Große Seele«; auch dies offenbart den Bezug zum Urweiblichen durch die Muttersilbe M*a*. Diese Menschen sind Vorbilder, sie zeigen uns, dass es sich lohnt, innere Kämpfe zu beenden und Hürden zu nehmen, denn hier liegen unsere Chancen auf inneres Wachstum.

Die Energie dieses Chakras steht im Zusammenhang mit der Zirbeldrüse – eine Drüse, die die Medizin vor noch nicht allzu langer Zeit als *tote Drüse* bezeichnet hat. Wir wissen inzwischen, dass sie Melatonin produziert und somit für einen gesunden Schlaf sorgt. Mithilfe dieses Kraftzentrums des siebten Chakras begreifen wir auch den Tod. Die letzte Grenzenlosigkeit des Lebens meint, dass wir den Körper und die Materie verlassen und eingehen ins Licht und ins reine Bewusstsein. *Grenzenlosigkeit* ist keine Qualität, die es im Leben zu erreichen gilt; wenn sie kommt, ist es eine Gnade. Dankbarkeit und Demut führen dorthin.

Das **Kronenchakra** ist das siebte Chakra. Durch die Farbe Lila lässt es sich aktivieren.

Männliche Qualität: Grenzenlosigkeit und Verschmelzung

Schatten-Emotion: Unruhe

Positiv gelebt: Ruhe, Gelassenheit, Daseinsfreude, Dankbarkeit, Weite im Fühlen, Denken und Handeln, Spiritualität

Negativ gelebt: sich verzetteln, im Klein-Klein verlieren, Hektik, stetige Betriebsamkeit, Schlaflosigkeit

In Vermeidung gelebt: Faulheit, Antriebslosigkeit, unstrukturiertes Handeln und Tun, Irrwege

Auswirkungen auf unsere Welt: sich über das Tun definieren, Vita activa ohne Vita contemplativa, Workaholics, Sport und Körperkult als Ersatzreligion

Weibliche Qualitäten führen zu einem erfüllten Leben

So wie wir alle einen männlichen Seelenanteil haben, so verfügen wir auch über einen weiblichen Seelenanteil. Darunter ist natürlich mehr als die eingrenzende Zuschreibung von Eigenschaften gemeint. Da in jedem Menschen weibliche wie männliche Seelenqualitäten beheimatet sind, ist es Unsinn, die Geschlechter nach »Verstand und Gefühl« oder »Kopf und Bauch« einzuteilen. Das spaltet und grenzt aus, mehr nicht. Die Seelenqualitäten sind nicht von der Natur oder der Gesellschaft geprägt, sie unterscheiden sich allein nach der unmittelbaren Nähe zur weiblichen Urquelle. Dies stellt keine Wertung im Sinne von besser oder höherstehend oder wichtiger dar, sondern beschreibt nur einen Seinszustand, aus dem sich eine innere Ordnung ergibt.

> *Männliche Qualitäten halten den Raum des Lebens, weibliche Qualitäten füllen den Freiraum mit Leben.*

Die Lebensqualitäten, die sich aus den positiv gelebten weiblichen Seelenqualitäten ergeben, lassen uns daher erahnen, wie das Leben im Ursprung gedacht war. Kreativität und Freude am Leben, Selbstliebe und Mitgefühl, Intuition und göttliche Führung, Ausdehnung in Form von Ausstrahlung. Letztere Qualitäten könnten auch das Universum an sich beziehungsweise die Schwarzen Löcher darin charakterisieren. Dies ist eine weitere Andeutung auf den urweiblichen Ursprung allen Lebens und darauf, dass Schwarze Löcher die Gebärmutter des Universums sein könnten.

Die weibliche Lebensenergie beschreibt die Grundstruktur des Lebens. Es ist Liebe, Freude, Verbindung, Verspieltheit, Kreativität, Schönheit, Leidenschaft, ein unendliches Fließen und Ausdehnen im Zusammenklang mit allem, was ist. Sichtbar oder unsichtbar, im Innen wie im Außen. Im Weiblichen drückt sich die grenzenlose, unfassbare Schöpfungsenergie aus, die das ewige Rad beständig weiterdreht. Das Weibliche vernimmt den Rhythmus des Lebens, stellt sich zur Verfügung, es aus sich selbst heraus immer wieder neu zu

Das Leben dehnt sich beständig aus und entzündet fortlaufend neues Leben.

fördern. Das Neue ist dabei nicht losgelöst und störend im ewigen Fluss, sondern integriert das Alte und nimmt Vergangenes mit in die Zukunft. So wird nichts zerstört und geht nichts verloren, sondern wird im heilsamen Wandel des Lebens immer wieder geboren. Das Sakral-, Herz- und Stirnchakra und die schützende Hülle der Aura, sozusagen das achte Energiezentrum des Menschen, können den weiblichen Seelenkräften zugeordnet werden. Wer diese Kräfte positiv lebt, verwirklicht die jeweiligen Lebensqualitäten. Diese sind Qualitäten, die das Leben fördern und darin integriert dazu führen, aus dem Vollen schöpfen zu können. Das Leben zeigt sich dann von seiner lebensbejahenden Seite.

Das Sakral-, Herz- und Stirnchakra sowie die energetische Schutzhülle eines Menschen geben Auskunft über die weiblichen Qualitäten und ihren förderlichen Beitrag zum Leben.

Kreativität und Lebenslust

Kreativität geht mit Leidenschaft einher. Sie steht für die Lust am und auf das Leben. Diese starke, ungebändigte Kraft zeigt sich im zweiten, einem weiblichen Chakra. Sie fordert ein ständiges Fließen im Auf und Ab des Lebens und erfindet sich stetig neu. Wie Wasser fließt diese Kraft in rhythmischen, wellenartigen Bewegungen und kann alles in sich aufnehmen und verbinden – und doch kriegt man sie nie zu fassen. Sie ist die Vielseitige, die Belebende und Erquickende ebenso wie die Aufbrausende und Bedrohliche. Diese Kraft ist zyklisch wie das Leben an sich. Kreativität speist sich aus den tiefen, ursprünglichen Gefühlen und Sehnsüchten eines Menschen, die im zweiten Chakra gründen. Aus dieser Kraft entspringt auch die enge Mutter-Kind-Verbindung und das ursprünglichste aller Gefühle: das Urvertrauen. Aus der Urbindung zwischen Mutter und Kind wächst das Urvertrauen des Kindes, ins Leben getragen zu werden von der Erkenntnis, dass das Leben selbst alles bereithält, was wir dazu brauchen. Urvertrauen ist das tragende Fundament für alle anderen Beziehungen in unserem Sein: zum Partner, zu den Mitmenschen und zum Leben. In dieser weiblichen Urenergie wurzeln auch die Selbstheilungskräfte des Menschen.

Das zweite Chakra wird von der weiblichen Kraft durchflutet. Mit ihr verbunden ist das Leben bunt, dynamisch und bedeutsam. Wunder gehören wie

Das **Sakralchakra** ist das zweite Chakra. Durch die Farbe Orange lässt es sich aktivieren.

Weibliche Qualität: Kreativität und Lebenslust

Schatten-Emotion: Traurigkeit

Positiv gelebt: Schöpfungskraft, Sinnlichkeit, freie Sexualität, Geldfluss, Dynamik, Wunder, Fülle

Negativ gelebt: Sexismus, sexuelle Übergriffe, Sprunghaftigkeit, Impulsivität und mit der Kehrseite Neid, Geiz, Schuld- und Schamgefühl, Unlust, Negativität

In Vermeidung gelebt: Zügellosigkeit, Süchte und Abhängigkeiten, Opferproblematik

Auswirkungen auf die Welt: Sensationslust, Alkohol- und Drogenmissbrauch, Depression und Burn-out, Doppelmoral, Sexindustrie selbstverständlich zum Leben. Die Schöpfungskraft fließt in Fülle, kreative Impulse und ein Strom an Geld bereichern das Leben ebenso wie eine lustvolle Sexualität. Sinnlichkeit und Genuss verschönern das Leben. Die Freude daran drückt sich auch in einer bildreichen Sprache aus.

Wer der weiblichen Kraft negativ gegenübersteht, erscheint meist entweder lustlos oder besonders triebhaft. Begleitet ist sein Agieren oft von Scham oder Schuldgefühlen. Die Folge können großer Neid, Geiz oder – zur Entlastung – auch Impulsivität und Sprunghaftigkeit sein, um den quälenden Gedanken über sich selbst zu entkommen. Negativ gelebte weibliche Kraft geht mit Gefühlen von Angst und Traurigkeit einher. Depression kann eine Ausdrucksform sein, wenn sich jemand von dieser Kraft (unbewusst) abgeschnitten hat. Wer in Vermeidungshaltung zu dieser Kraft geht, findet sich oft in einem Leben wieder, das durch Zügellosigkeit geprägt ist. Alle Formen der Sucht finden hier ihren Ursprung. Auch Menschen, die mit ihrem Gewicht hadern, tun gut daran, sich der Urenergie des zweiten Chakras positiv zu nähern. So können sie ihr Gewicht wandeln, indem sie ihrem Leben mehr Bedeutung und Wert geben. Aus der Vermeidung entsteht häufig ein Gefühl des permanenten Mangels. Wer die Augen vor dieser Lebenskraft verschließt, ist auch in Gefahr, potenzielles Opfer zu werden oder in sexuelle Abhängigkeiten zu geraten. Auf eine Blockade in diesem Bereich können Probleme mit Lymphe, Blase, Nieren, Drüsen oder Geschlechtsorganen hinweisen.

Mitgefühl und Selbstliebe

Mitgefühl, Liebe und Empathie sind die Lebensqualitäten, die das Leben lebenswert machen und das Potenzial haben, die Welt wieder zu einem lebensbejahenden Ort zu machen. Im Herzzentrum fließt die unendliche Liebe der weiblichen Urquelle, schwingt der Urklang der Schöpfung. Hier geht es nicht um Wollen oder Können, Wünschen oder Haben, sondern einfach nur um das Sein. Sein heißt *fühlen* und *wahrnehmen, was ist*. Sich aufmachen, weiten, um aufnahmefähig zu werden, damit uns das Leben berühren kann. Wer sich im Inneren berühren lässt, wird geheilt. Das ist die Herzensbotschaft von Jesus, die in der vollen Kraft der urweiblichen Energie des vierten Chakras und damit im Einklang mit dem Urklang schwingt. Es handelt sich um eine integrative, dem Urweiblichen innewohnende Kraft, denn hier lassen sich die Polaritäten des Lebens überwinden. Sowohl männliche wie weibliche Urenergie fließen hier ein. An diesem Punkt sind sie die sprichwörtlichen zwei Seiten einer Medaille, die zusammengefasst mehr ergeben als die Summe ihrer Einzelteile. Hier ist das Zentrum der Verwobenheit und Gemeinsamkeit bis hin zur Erkenntnis, dass die Konstrukte Ich und Du eine Illusion sind. Es gibt nur ein Wir. Im Bewusstsein, Teil der höchsten integrativen Kraft zu sein, sagt Jesus: »Was ihr für einen meiner geringsten Brüder (und Schwestern) getan habt, das habt ihr mir getan« (Mt 25,40). Und: »Du sollst deinen Nächsten lieben wie dich selbst. Es ist kein anderes Gebot größer denn dieses« (Mk 12,31). Oder wie Yogi Bahjan (1929–2004), Guru des Kundalini-Yoga, im Buch *Die 8 Gaben des Menschen* sagt: »Erkenne, dass du die andere Person bist.« Im Spiegel des anderen können wir uns erkennen und können dem anderen ein Spiegel sein, weil wir im Grunde alle von der gleichen liebenden Energie geboren und gehalten sind. Es ist auch kein Zufall, dass die Brüste einer Frau im Bereich des Herzchakras liegen. So saugen wir mit der Muttermilch bereits die Liebe der Urquelle auf. Dem Mammon wird so in ursprünglicher, herzlicher

Das **Herzchakra** ist das vierte Chakra. Durch die Farbe Grün lässt es sich aktivieren.

Weibliche Qualität: Mitgefühl und Selbstliebe

Schatten-Emotion: Verlustangst

Positiv gelebt: Großherzigkeit, Integrität, Freundlichkeit, Achtsamkeit, Verbundenheit

Negativ gelebt: Emotionale Kälte, Minderwertigkeitsgefühl, Herabwürdigung, Hass oder in seiner Kehrseite das Zuviel in Form des Helfersyndroms

In Vermeidung gelebt: Anspannung, Angststörungen, Fixierung auf Leid und Sorgen

Auswirkungen auf die Welt: Angst vor Tod und natürlichen Geburten, Verherrlichung von Gewalt, Misshandlung von Kindern, Überheblichkeit der Mächtigen, Katastrophen, Kriege, Tierquälerei, Bestrafung

Weise gefrönt. Es ist daher für Mütter, die nicht stillen können, eine gute Idee, beim Füttern mit der Flasche Körper- und vor allem Augenkontakt zum Baby zu halten – als Ausdruck der Liebe, die zwischen Mutter und Kind fließt.

Wer sich dieser zentralen Lebensenergie öffnet, ist großherzig, freundlich, wohlwollend und voller Wärme und Mitgefühl. Er strahlt Liebe aus und hat gelernt, sich selbst zu lieben. Er ist tiefgründig, da er sich der Zusammenhänge bewusst ist. Er geht achtsam mit sich und seinen Mitmenschen um und achtet *Atem* als Leben.

Ein Zuviel der Energie kann sich in einem Helfersyndrom ausdrücken. Verlustangst ist die Schatten-Emotion, die, im Negativen gelebt, dazu führen kann, sich nicht von Dingen und Menschen trennen zu können. Die Angst vor dem Tod kann sich verselbstständigen und in Ersatzhandlungen ausarten. Ein Verschließen vor dieser zentralen Lebenskraft öffnet Hass, Minderwertigkeitsgefühlen und emotionaler Kälte Tür und Tor. Wer seine Augen vor der Herzenergie verschließt, lebt in dauernder Anspannung. Dies kann sich äußern in Sorgen ohne Unterlass – und bis zum Herzinfarkt führen. Häufig leiden betroffene Menschen auch an Angststörungen. Blockaden zeigen sich durch Probleme mit dem Herzen, der Lunge, den Händen und der Haut. Allergien, Asthma und Neurodermitis weisen häufig schon bei Kindern auf ein nicht harmonisch fließendes Herzchakra hin. Häufig öffnen Kinder ihr Herz zu weit und können die einströmenden Eindrücke innerlich nicht verarbeiten. Um wieder Zugang zum Herzzentrum zu finden, reicht es oft schon, der Liebe in unserem Leben Raum zu geben und dem Wort eine Tat folgen lassen, indem wir unsere Dankbarkeit für das, was ist, ausdrücken. Im Alten Ägypten ging man davon aus, dass die Herzregion der Sitz der Seele ist.

Intuition und Führung

Die Urenergie des Stirnchakras ist weiblich. Intuition leitet in schlafwandlerischer Sicherheit durchs Leben und schützt uns vor Gefahren im Außen. Doch die Intuition bietet noch mehr: Sie ist ein Detektor für Freude, denn neun von zehn Eingebungen, so heißt es im Kundalini-Yoga, führen zur Freude. Wer von dieser Energie geleitet ist, wird frei in Raum und Zeit, entdeckt die Gesetze der Synchronizität des Lebens und erhält Einblicke, wie alles mit allem verwoben ist, wenn sich die Räder des Lebens drehen. Die Intuition ist eine transpersonale, innere Kraft, die uns führt durch innere Bilder, Träume, Visionen und ganz konkret mittels innerer Stimme. Sie allem Denken und Tun vorzuschalten, erspart manchen Umweg, ist daher rational und führt stets zum Erfolg. Wie die weibliche Kraft selbst gibt sie unendlich viel, aber fordert auch – nämlich Ruhe, Bewusstheit und Geistesgegenwart in jedem Moment. Intuition hat *Weisungsbefugnis* für den ganzen Menschen, von hier geht Bewusstheit in jede Zelle des Körpers. In dieser Energie ist die große verbindende Kraft angesiedelt, die alle Bewusstseinsebenen miteinander verknüpft; in den indischen Weisheitsschriften wird diese Ebene *Manas* genannt. Wir erkennen hier das Wort *man*, das *Mensch* im Sinne von *weiblich* meint. Als Symbol hierfür steht die Doppelschlange der Mayavölker; es unterstreicht damit die kraftvolle Anbindung und Steuerung des Menschen durch die weibliche Kraft und Quelle allen Seins.

Feinfühlige Menschen, die sich der Intuition positiv zuwenden, empfinden Ehrfurcht und Dankbarkeit vor dem Leben. Sie haben erkannt, dass Demut keine Schwäche ist, sondern die Feinsinnigkeit erweckt. Sie sind bescheiden und gewinnen Erkenntnis und Weisheit. Täglich erweitert sich ihr Horizont; mithilfe der Intuition schulen sie ihr ganzheitliches Denken.

Das **Stirnchakra** ist das sechste Chakra. Durch die Farbe Dunkelblau lässt es sich aktivieren.

Weibliche Qualität: Intuition und Führung

Schatten-Emotion: Verblendung

Positiv gelebt: Dankbarkeit, Demut, Feinsinnigkeit, Weisheit, Bewusstheit, höhere Führung, Flow

Negativ gelebt: Sarkasmus, Unterdrückung der inneren Stimme, Missdeutung von Ereignissen, Konflikt mit Autoritätspersonen, Streitsucher

In Vermeidung gelebt: Depression, Engstirnigkeit

Auswirkungen auf die Welt: Misserfolge, Irrwege, Sinnverlust, Wissens- statt Weisheitsgesellschaft, Allmachtsfantasien, Handeln wider besseres Wissen, Lebensfrust

Wer in Opposition zu dieser Kraft geht, kann in geistige Verwirrung geraten und läuft Gefahr, von fanatischen oder manipulativen Menschen vereinnahmt zu werden, da er sich der inneren Führung verweigert. Häufige Ausprägung einer negativ gelebten Intuition ist Sarkasmus. Zyniker nehmen meist den Impuls der inneren Führung wahr, handeln aber nicht danach und reden sich selbst ihren Widerwillen herbei – durch das Herabwürdigen des Auslösers. Menschen, die diese Energie vollständig negieren und so tun, als ob es sie nicht gäbe, haben häufig Probleme mit Obrigkeiten und Autoritätspersonen. Sie können sich kaum etwas sagen lassen, gehen aber auch nicht selbst in Führung. Streit ist vorprogrammiert. Steigt ein feinfühliger Mensch aus der Energie aus, ist Depression eine sehr häufige Folge. Der Ausstieg erfolgt nicht immer willentlich, sondern oft unbewusst. Ein Kreuzzeichen auf der Stirn kann die Verbindung nach oben schließen und uns abschneiden von der Intuition und göttlichen Führung. Wenn die innere Stimme verstummt und die Menschen orientierungslos werden, ist es leichter, sie über Gebote und Verbote zu leiten.

Ausstrahlung und Ausdehnung

Im Kundalini-Yoga heißt es, Frauen seien von göttlicher Anmut. Diese Qualität und Gabe ist in der Aura eines Menschen beheimatet und erwächst aus ihr. Die Aura hat die Kraft, andere

Die **Aura** lässt sich durch die Farbe Weiß aktivieren.

Weibliche Qualität: Ausstrahlung und Ausdehnung

Schatten-Emotion: Unbewusstheit

Positiv gelebt: strahlende Aura, großes elektromagnetisches Feld, Ausstrahlung, faszinierende Persönlichkeit, Präsenz, Frieden und Blick für die Unendlichkeit

Negativ gelebt: kleines elektromagnetisches Feld; schutzlos; graue Maus; Probleme, sich »sichtbar« zu machen (übersehen/übergangen werden)

In Vermeidung gelebt: Löcher in der Aura, Unbewusstheit, anfällig für energetische Übergriffe

Auswirkungen auf die Welt: Energieräuber, die sich im Lichte anderer sonnen bzw. die Kraft anderer anzapfen, mehr Schein als Sein

in ihrer Unbewusstheit zu erreichen und aufzuwecken. Allein die Präsenz eines Menschen, der in dieser Energie zu Hause ist, wirkt auf andere positiv. Anmutige Menschen strahlen etwas aus, das andere berührt. Die Funken sprühen über, andere werden förmlich in ihren Bann gezogen.

Die Ausstrahlung ist am größten bei Menschen, die ihren Lebensweg gefunden haben, darauf selbstbewusst wandeln und deren Chakren bereits in ihrer vollen Kraft sind. Dann spiegelt die Aura die Großartigkeit ihrer Seele wider.

Erleuchtete Menschen haben eine goldene Aura, die in der Kunst – etwa bei Jesus Christus – als Heiligenschein dargestellt wird.

Alle Menschen tragen in sich das Potenzial, zu so einer strahlenden und für die Gemeinschaft bereichernden Persönlichkeit zu werden. Dabei geht es nicht um individuelle Fähigkeiten, Begabungen, Wissen oder Leistung, sondern um die Entwicklung der in uns allen liegenden Qualitäten, sodass sich das Leben in der universellen Ordnung vollziehen kann. Aus dieser Erkenntnis heraus ist alles, was ist, allein durch sein Dasein für das Leben wertvoll. Das Urweibliche gibt Raum und Zeit, um sich zu entfalten und das Leben zu bereichern.

Sind die Chakren blockiert, »verschrägt« sich das Leben. Es wird beschwerlich, statt sich freudig, leicht und schön zu zeigen.

Weibliche und männliche Qualitäten – die zwei Ausdrucksformen des Lebens

Weibliche wie männliche Qualitäten sind aufeinander bezogen und fördern das Leben in uns und im Außen. Die weiblichen wie männlichen Qualitäten bringen uns auf diesen Weg. Diese in sich wahrzunehmen, ins Positive zu wandeln und dann miteinander in Harmonie zu bringen, ist der wahre Schatz, der aus der Dualität erwächst. **Männlich** und **weiblich** sind keine Charaktereigenschaften oder Merkmale bestimmter Personengruppen – jeder Mensch ist einzigartig, und die mannigfaltigen Kombinationsmöglichkeiten der Energien in jedem Augenblick entsprechen der Mannigfaltigkeit des Lebens. Alles ist im Fluss, männlich-weibliche Qualitäten prägen unser Leben – es gibt kein starres Wertesystem. Die Qualitäten drücken das Leben in seiner Multidimensionalität aus. Weiblich und männlich sind wie das Leben ein Wert an sich. Werden sie verneint oder unterdrückt, entstehen Probleme in uns und/oder im Außen.

Das Weisheitswissen um die Chakren lässt uns erkennen, ob es Energien gibt, die uns dominieren, ob wir positiv oder negativ mit den Qualitäten umgehen oder dem Leben in einer Verweigerungshaltung gegenübertreten. Nur wenn wir nicht schon von vornherein eine Seite abdrehen, sondern beide Energien bewusst leben, kann sich auch die andere positiv entwickeln; wir blühen in unserer vollen Kraft auf, sodass wir in den Genuss der Lebensqualitäten, die sich aus der freien Weiblichkeit und Männlichkeit ergeben, kommen können. Den Strom der Lebenskräfte können wir auf Dauer nicht aufhalten oder umleiten. In seiner Doppelfunktion und Anbindung an das Urweibliche sind die weiblichen Qualitäten sinnstiftend und im Sinne des Lebens richtungsweisend.

Lebensqualitäten als Wegweiser für die integrative Ordnung des Lebens

Mithilfe der Chakren haben wir nicht nur einen Weg, uns selbst besser kennenzulernen und unsere Energien zu spüren und bewusst einzusetzen. Sondern im freien Fließen der männlichen und weiblichen Lebensenergien liegt vielmehr auch unsere Chance auf Heilung – seelisch und körperlich. Aus den Urkräften, die in ihrer positiven Form das Leben in uns und im Außen fördern, können wir auch ableiten, wie die natürliche Ordnung – nicht der Geschlechter, sondern der Urenergien – sein sollte.

Die Frage lautet also nicht, was können Frau oder Mann zum Wohl der Gemeinschaft beitragen, sondern welche Qualitäten sind im Moment oder für die Zukunft förderlich.

Weibliche und männliche Qualitäten in ihrer Verschiedenheit und jeweiligen Bedeutung für das Leben anzuerkennen, macht frei, sich im Fluss des Lebens wohlzufühlen.

Das trifft für den einzelnen Menschen ebenso wie für die Menschheit als Ganzes zu. Wer sich seiner männlichen und weiblichen Seite und der dazugehörigen Lebensqualitäten bewusst ist, kann diese im Fluss des Lebens frei und förderlich einsetzen. Wir leben ganz eindeutig in einem Zeitalter der negativ gelebten Männlichkeit und unterdrückten Weiblichkeit. Dabei braucht eine Wissensgesellschaft für ihre Zukunftsfähigkeit die weiblichen Kräfte: Kreativität, Einfühlungsvermögen und Intuition. Diese Kräfte stehen auch Männern zur Verfügung, wenn sie sich für die weiblichen Qualitäten ihrer Seele öffnen.

Wenn wir uns also befreien von Stereotypen und gesellschaftlichen Rollenerwartungen und aufhören, dem Zeitgeist nachzujagen, sondern vielmehr lernen, uns wieder wahrhaftig zu spüren, dann können wir die Qualitäten von weiblich und männlich in uns zum Lehrmeister für das Leben machen.

Idealerweise werden wir im Laufe des Lebens frei, je nach Aufgabe und Lage in männlichen oder weiblichen Energien zu handeln und vor allem lebenshemmende Energien zu transformieren mithilfe der positiv gelebten Qualitäten der Chakren und der weiblichen Kraft als der sinngebenden und treibenden Kraft in allem. Die meisten Menschen werden sich in der einen oder anderen Energie mehr zu Hause fühlen. Für die Beziehung zwischen Frau und Mann bedeutet die Annahme beider Qualitäten und ihr freier, den Umständen angepasster Fluss nichts weniger als eine Neugeburt. Es gibt keine Abhängigkeiten mehr, jeder ist in sich energetisch kom-

Dreisatz der weiblichen Kraft

Es gilt, die Energien in positive Bahnen zu bringen und sie dann in voller Kraft
* zum eigenen Wohl,
* zum Wohle der anderen und
* innerhalb der göttlichen Ordnung im Außen einzubringen.

Dieser Dreisatz ist verbindend, lebensfördernd und ein Wesensmerkmal der weiblichen Kraft.

Leben ist Liebe und Hingabe an das Sein.

plett. Jeder für sich findet heraus, welche Qualitäten er oder sie geben kann und wo er oder sie Energie von außen durch die Liebe eines Menschen als Unterstützung bei der Entwicklung seiner Ganzheit benötigt. Leben ist Liebe und Verbindung und daher sind die seelischen Kräfte auf Vereinigung ausgerichtet. Vereint werden sie in der Herz- und Liebesenergie, die in jedem/jeder von uns fließt.

Der weibliche Part ist dabei der Liebe Empfangende, der männliche der Liebe Gebende. Der Energiefluss ist dann stabil und fördert die Partnerschaft und das Leben im Allgemeinen, wenn sich das Weibliche in der Schwingung der weiblichen Kraft und Anbindung an die Schöpfungsquelle entfalten kann in Freiheit, Kreativität, Intuition, göttlicher Führung und Weisheit – und bei dieser schöpferi-

Für die Beziehung zwischen Frau und Mann bedeutet die Freiheit der Kräfte nichts weniger als eine Neugeburt. Es ist das Ende der Abhängigkeiten und der Beginn eines wahren Austausches.

schen und lebensfördernden Aufgabe durch die Liebe des Mannes gehalten wird und einen behüteten Rahmen hat. »Frauen sind 16-mal stärker als Männer, allerdings auch achtmal unsicherer«, heißt es im Kundalini-Yoga im Handbuch *Yoga für Frauen*. Das Weibliche zu lieben und zu halten, ihm Sicherheit zu verschaffen, damit es seine Gaben vollumfänglich einbringen kann, ist die Aufgabe des Männlichen. Indem es sich auf das Weibliche einlässt, erhält es tiefe Einblicke in den Urgrund des Lebens und die Lust und Liebe im Ursprung. Das Männliche ist unverzichtbarer Teil der menschlichen Gemeinschaft und trägt zum Erhalt der Schöpfung bei. Die tiefe, aus der Seelenqualität der Verbundenheit stammende Liebe zum Weiblichen verändert das Leben des Männlichen grundlegend und verändert dadurch den Lauf der Welt.

Der Schlangenträger – das Männliche trägt das Weibliche durch Raum und Zeit

Als Stütze des Weiblichen ist das Männliche der Eckpfeiler, um den herum sich Leben in seiner Mannigfaltigkeit entwickeln darf. Zwar mag sich dies für unsere heutigen Ohren visionär anhören, doch einiges deutet darauf hin, dass dies einmal Allgemeinwissen war. Im Zuge der Umstellung der Zeitmessung von *Monden* auf *Monate* ist ein Sternzeichen übriggeblieben – denn zwar gibt es 13 Monde, aber eben nur 12 Monate. Und es ist sicher kein Zufall, dass bei der Festschreibung des neuen, männlich dominierten Weltbildes ausgerechnet das Sternzeichen des *Schlangenträgers* (20. November bis 15. Dezember) Opfer der Streichmaßnahme geworden ist. Vor 2000 Jahren gab es noch 13 Sternbilder, sagt Parke Kunkle, Professor für Astronomie und Mitglied der Minnesota Planetarium Society (Quelle: www.welt.de/lifestyle/article12397511/Das-unbekannte-13-Sternzeichen-der-Schlangentraeger.html). Dabei gehört das dazugehörige Sternbild zu den größten und interessantesten am Himmel: Es zeigt einen jungen, kraftvollen Mann, der auf seinen Schultern eine große, prächtige Schlange trägt. Das Männliche trägt das Urweibliche also auf Händen, vergöttert es und sucht nach der Verschmelzung mit dem Urgrund. Das Weibliche ist bereits eins mit der Quelle allen Seins. Daher sind für das Männliche Rituale und heilige Sexualität zum Aufladen der männlichen Energie und zur Ausrichtung auf die göttliche Quelle so wichtig.

Aus diesem Wissen heraus zelebrieren die indigenen Völker auch so viele Rituale, und Männer gehen rituell in Schwitzhütten, um sich wieder spirituell zu verbinden, wie Alexandra Schwarz-Schilling (*1964), Anthropologin und Gründerin der Coaching-Spirale GmbH in ihrem Vortrag *Die Polarität von Frau und Mann – zwischen alten Wunden und neuen Perspektiven* vom 20.01.2012 auf YouTube ausführt. Nur so könnten Männer verbundene Entscheidungen treffen, die sich zum Wohl von Generationen auswirken. Das Weibliche zieht seine Kraft aus seinem Inneren und aus der Verbindung mit Mutter Erde; bei positiver Ausrichtung ist es daher stets *verbunden*.

> *Das Urweibliche und Mutter Erde sind eins. Die weibliche Kraft erwächst aus dem weiblichen Seelengrund aus sich selbst heraus, während das Männliche die Bezogenheit auf die Natur und das Weibliche als Kraftquell braucht.*

Harmonie der Geschlechter im Zusammenklang mit der weiblichen Kraft

Positiv gelebte männliche Qualitäten machen den Mann zu einem wahren Gefährten durch Raum und Zeit: Standfestigkeit, Durchsetzungsvermögen, Humor, Begierde und die Fähigkeit, das Erlebte und Gefühle nach außen geben zu können, um durch seine Worte der Liebe, Dankbarkeit und Verehrung dem Urweiblichen gegenüber das Feuer im Weiblichen zu entfachen. So entsteht ein sich beständig stärkender, zu immer neuen Höhepunkten führender Kreislauf, in dem alle nach ihrer Fasson glücklich werden können. Freude, Liebe, Zufriedenheit, Inspiration und Erfüllung können in uns und damit im Leben wieder erblühen.

Diese Sehnsucht verspüren viele, Männer wie Frauen. Doch durch die jahrtausendealte Verdrehung und Entstellung der Verhältnisse wurden Frau und Mann genau an ihren Berührungspunkten oftmals schwer verletzt beziehungsweise wollen an diese Punkte, die die harmonische Verschmelzung der Geschlechter bieten könnte, aus Scheu vor Schmerzen nicht herangehen. Bei der Frau wurde der Körper, vor allem der weibliche Schoßraum, entweiht und schwer verletzt. Noch immer ist der weibliche Körper meist weit davon entfernt, als heiliger Tempel der weiblichen Schöpfungskraft wahrgenommen zu werden. Viele Frauen gehen aufgrund unbewusst wirkender Muster im Bereich Sexualität in die Selbstverletzung und Ausbeutung. Und der Mann ist im Herzen verwundet, oftmals regelrecht verpanzert. Sein Herz musste im Laufe der Jahrhunderte, in denen das Weibliche – Ausgang und Ziel seiner Liebe – abgewertet und verleugnet wurde, als Quell des Lebens und durch lebenszerstörende Ersatzbefriedigungen ersetzt wurde, ja aus Gründen des Selbstschutzes versteinern, um in dieser entstellten Welt weiter bestehen zu können. Liebe schenken, Gefühle zeigen, sich einer Frau mit Leib und Seele verschreiben, das sind keine Eigenschaften, die bisher in puncto Männlichkeit hoch im Kurs standen.

Nun sind also beide gefordert, genau an ihrem vermeintlichen Schwachpunkt durch die Schmerzen hindurch

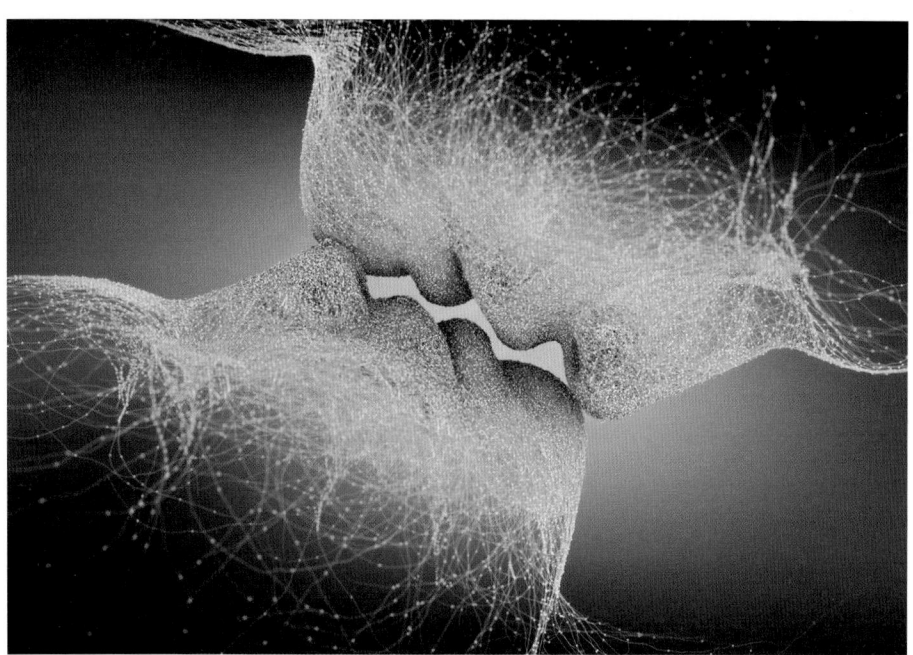

Die Verdrehung löst sich, wenn beide sich für ihren jeweiligen Schmerzpunkt und damit für ihre wahrhaftigen Qualitäten im Leben öffnen. Dann kommt alles in den Flow.

zu ihrem Kraftpunkt zu kommen. Stärke und Kraft der Weiblichkeit liegen in ihrer Yoni (Schoßraum) – und ihre Geschenke an das Leben, an sich und das Männliche sind sinnliche Liebe, lustvolle, ekstatische, spirituelle Sexualität. Geschenke des Mannes sind eine reiche Gefühlswelt, überbordende Liebe, Ausgerichtetsein auf das Wir; er kann Stütze, Gefährte und Bewunderer der Frau und damit des Lebens sein. Er muss das Weibliche nicht ergründen und verstehen, dafür umso mehr lieben. Das sind seine Qualitäten, die er entwickelt, damit sie ihre Qualitäten zum Wohle aller verwirklichen kann. Es sind also genau diejenigen Qualitäten zu befreien und an sich jeweils neu zu entdecken und zu beleben, von denen wir bisher glaubten, dass sie dem anderen Geschlecht zuzuordnen sind, nämlich die Lust der Frau und die Gefühle des Mannes, um die heilige Ordnung wieder herzustellen. Sexuell lieben kann das Männliche, gefühlvoll sein kann das Weibliche von sich aus – das allein erzeugt keinen Mehrwert. Doch in der richtigen Kombination zündet das Feuerwerk des Lebens. Die Schleusen zum Universum sind geöffnet. Ab jetzt ist alles möglich.

Die Erde darf sich wieder als lebenswerter Ort präsentieren. Anzunehmen, dass diese Entwicklung in dem Maße voranschreitet, wie Frauen ihre Lust befreien, sich in ihrem Körper wohlfühlen und mit sich ins Reine kommen. Viele Frauen spüren eine tiefe Sehnsucht nach der Aussöhnung mit dem eigenen Körper und der Heilung des weiblichen Schoßraumes. Sind sie bereit, ihre Weiblichkeit positiv, also wild und frei von gesellschaftlichen Konventionen und männlichen Vorschriften zu sehen, kommen sie in ihre Kraft. Diese Kraft wirkt auf Männer unbeschreiblich anziehend und ebenfalls befreiend. Unter dem Dach des Urweiblichen dürfen Männer wieder männlich und Frauen wieder weiblich sein, ohne Gefahr zu laufen, sich oder andere damit in Gefahr zu bringen. Die Kräfte des Lebens dürfen wieder frei fließen zum Wohle aller. Bisher wurde die weibliche Kraft geächtet, und Frauen haben aus Selbsterhalt gelernt, ihre Weiblichkeit zu bändigen. Frauen sind im Urteil über andere Frauen oft erbarmungslos aus Angst am Tabu der freien Frau zu rütteln. Das Ergebnis: wo wir hinschauen, überall verkehrte Welt und sinnentstellte Zusammenhänge.

Frauen verkünden ihre Kraft

Wir sind Frauen: frei, liebend und fruchtbar.
Wir glauben an uns selbst: an unsere Schöpfungskräfte, unsere Weisheit, unsere Stärke, unseren Verstand und unsere Lebensklugheit.
Wir freuen uns an unserer Unterschiedlichkeit, an unserer Vielseitigkeit und an unseren Eingebungen.
Wir fühlen, schöpfen, gebären, nähren und lehren aus unserer geistigen und unserer leiblich-erdigen Kraft, fließend mit Leben und Tod.
Wir nähren die Kinder und die Familien und die Gemeinschaft.
Wir nehmen unsere Verantwortung wahr, die Heiligkeit des Lebens zu schützen und die Gaben der Erde gemeinsam zum Wohle des Ganzen zu nutzen.
Wir bestätigen die Geschichte der Frauen als die Geschichte der Menschheit: Leben schöpfend, tragend, nährend, gebärend, schützend, heilend und lehrend – weise Frauen allesamt.
Wir bekennen unsere Fehler, Schwächen und Versäumnisse einschließlich unserer vergangenen Duldung von Ungerechtigkeit und Gewalt.
Wir Frauen verkünden unsere seelische Kraft: Wir sind heilig und heilend, wahr-sagende und weise Frauen.
Wir offenbaren die Kraft unserer Zärtlichkeit und unserer Lust.
Wir Frauen entscheiden allein über unsere Leiber, denn es ist die uns eingeborene Weisheit, Leben zu schöpfen und zu bewahren.
Wir Frauen bringen Liebe, Wahrheit und Hingabe in die Welt.
Wir verkünden unsere gemeinschaftliche Kraft: die heiligen Kreise der Frauen, das Herz jeder lebendigen Gemeinschaft.
Aus weiblicher Lebensvollmacht beginnen wir gemeinsam als Schwestern die Heilung der Welt, damit alle Wesen gemeinsam in Liebe, Wahrheit und Einklang miteinander leben können.
Wir Frauen sind die vollmächtigen Töchter der Mutter allen Seins.

Weibliche Kraft führt in die Zukunft

Positiv gelebte männliche und weibliche Lebensenergien weisen den Weg in eine neue Ära. Die erwachte weibliche Kraft führt zur Erinnerung an das ursprüngliche Zusammenspiel der Lebensenergien und zum Ausgleich der Energie und damit in eine neue beziehungsweise uralte Ordnung des Lebens. Das kommt einer Revolution gleich.

Ob Mensch oder Organisation, ob im Kleinen oder Großen, jeder, der diese Entwicklung versäumt, wird abgehängt. Beide Geschlechter können so wieder in Gemeinschaft und Wertschätzung füreinander das Leben feiern in seiner Fülle, Schönheit, Einzigartigkeit voller bedeutungsvoller Momente der Liebe und Erkenntnis. Gefragt sind dem Leben und den Menschen dienende Lösungen, die sich an den jeweiligen Bedürfnissen des Kontextes orientieren. Das Leben steht in seiner Heiligkeit, seinem Heil-und-ganz-Sein, wieder im Zentrum, um das herum sich alles ausrichtet. Daraus wird sich ein völlig anderes Zusammenleben und werden sich Strukturen entwickeln, die dem Leben in seiner Vielschichtigkeit und Mehrdimensionalität gerecht werden. Fast scheint es, als ob sich die im Alten verharrenden Mächte derzeit gegenseitig selbst ins Aus schießen. Die Zeiten, in denen die Schuld auf andere geschoben wurde, vor allem auf die grausame Natur oder Systemzwänge und dergleichen, sind dann vorüber. Jeder trägt seinen wertvollen Beitrag zum Gelingen bei.

»Hinter jedem starken Mann steht eine starke Frau.« Dieser Spruch lässt tief blicken, tiefer, als uns bisher bewusst war. Das Urweibliche steht hinter und vor jedem von uns. Es ist das Leben in seiner Essenz. Das Weibliche ist der weiblichen Urquelle direkt angeschlossen und hat aus sich heraus Zugang zur universellen Ordnung. Es beinhaltet bereits eine integrative Ordnung, die auf einem Miteinander beruht. Denn nur mithilfe des tragenden und stützenden männlichen Lebenselements kommt das Weibliche in die Position, sich innerhalb der göttlichen Ordnung vollumfänglich entfalten zu können. Oder in den Worten von Alexandra Schwarz-Schilling: »Das Männliche bringt die Energie des Weiblichen ins Fließen, damit das Weibliche Fülle schaffen kann«, die sie bei ihrem Vortrag *Die Polarität von Mann und Frau – zwischen alten Wunden und neuen Perspektiven* auf YouTube am 20.01.2012 findet.

Bei der Thematik geht es nur vordergründig um *Mann* und *Frau*. Es geht vielmehr um männlich und weiblich als Seelen- und Lebensqualitäten, die in jedem Menschen fließen – und das macht einen sehr großen Unterschied. Das weibliche Weltbild nimmt niemandem etwas weg, es gibt uns allen und schöpft dabei aus dem Unendlichen.

Das Urweibliche ist konstituierend für das Leben, daher gestaltgebend und verfügt über eine natürliche Macht, die ohne Beherrschung auskommt. Das Männliche spielt eine tragende Rolle: Es trägt das Weibliche.

Eine neue Ära wird kommen, in der alte, männlich dominierte Strukturen entweder in sich zerfallen oder sich gegenseitig selbst zerstören werden: Alle, die sich vom Alten in Liebe und beherzt lösen, tauchen ein in eine Welt, in der wir unsere Seelenqualitäten voll entwickeln und das Leben von seiner schönen Seite erfahren dürfen. Dass es sich dabei um mehr als eine Träumerei handelt, zeichnet sich bereits überall auf der Welt in vielen kleinen und großen Initiativen (Solidarische Landwirtschaft, Supermarkt ohne Verpackung, NGOs, foodsharing, Göttinnenkonferenz, soziales Unternehmertum, etc.) ab, die sich für den Umschwung in ihrem jeweiligen Bereich einsetzen. Die Bewegung wird um vieles kraftvoller werden, wenn wir erkennen und zulassen, dass es sich dabei im Kern um die Frage dreht, ob wir dem Weiblichen und Natürlichen in unserer Mitte wieder Raum geben wollen und zur ursprünglichen Ordnung, in der jeder aufgrund seines Daseins ein Gewinn für die Gemeinschaft ist, zurückkehren wollen. Unter dem Stern der Urweiblichkeit ist nichts mehr getrennt voneinander zu betrachten und alles darf sich in Liebe entwickeln.

Natürliche Geburten öffnen das Tor zur weiblichen Kraft

Ein zentraler Schlüssel zur Wiederentdeckung der weiblichen Kraft liegt im Beginn des Lebens. Die Geburtserfahrungen prägen ein Leben lang. In der westlichen Welt ist dieser Beginn des Lebens geprägt von Technik, Überwachung, Eingriffen in den natürlichen Geburtsverlauf, Angst, Ohnmacht der werdenden Mutter und Schmerzen. Nur noch sieben Prozent der Geburten in Deutschland finden natürlich, also ohne Eingriffe von außen statt. Dies liegt nicht an der schwindenden Gebärfähigkeit der Frauen, sondern an einem System, das sich auf dem Rücken von Mutter und Kind am Leben erhält. Frauen werden von ihrer urweiblichen Kraft entbunden, was in der Folge zum Aussterben der natürlichen Geburt führen wird. Die natürliche Geburt ist die letzte unmittelbare Verbindung zum alten Wissen.

Eine negativ gelebte Männlichkeit verhindert, dass Frauen bei der Geburt wieder in Berührung mit ihrer weiblichen Kraft kommen. Diese Fesseln gilt es zum Wohle der nächsten Generationen abzustreifen.

Leben ist Liebe, das zeigt sich am Beginn des Lebens ganz deutlich. Die Zeugung ist ein Akt der Liebe, das Versorgen des Babys ebenso, und natürlich ist auch die Geburt ein Akt der Liebe. Wir können dies durch die Entstellungen der Jahrhunderte, in denen die weibliche Sexualität, zu der auch die Geburt gehört, verfälscht wurde, nur nicht mehr klar erkennen. Schmerz und Leid in Zusammenhang mit Geburt sind von Menschen unheilvoll verbunden worden. Eine an die weibliche Kraft angebundene Frau erlebt eine Geburt ganz anders. Es ist für sie ein einzigartiges, ekstatisches, tiefschürfendes Erlebnis, das sie im Inneren als Frau stärkt. Denn sie erfährt Geburt als Verschmelzung und nicht als schmerzvolle Trennung. Sie ist eins in Körper, Geist und Seele, in inniger Verbindung zum Baby im Bauch – und durch sie strömt die weibliche Schöpfungskraft, ohne die eine Geburt auf natürlichem Wege nicht möglich ist. Das Gefühl des All-eins-Seins spürt sie mit jeder

Jede Geburt hat das Potenzial, eine ekstatische, spirituelle, als Frau und Mutter stärkende Erfahrung zu sein.

Faser in ihrem Körper. Geburt ist eine hochspirituelle Erfahrung. Die Frau durchströmt ein Hormonmix, der Gefühle der Liebe, Freude und Dankbarkeit im Gepäck hat.

Selbstermächtigung im Vertrauen auf die weibliche Kraft

Immer mehr Frauen stehen zu ihrem inneren Gefühl und dem Wunsch, eine freudige, spirituelle, kraftvolle Geburtserfahrung machen zu wollen. Sie bereiten sich im Vertrauen auf die weibliche Kraft bewusst auf Schwangerschaft und Geburt mit uraltem Weisheitswissen von Frauen vor. Auf diesem Weg in die eigene Kraft zu kommen, heißt zunächst, die Steine der Vergangenheit beiseitezurollen, um frei zu werden für Geburt als Wunder des Lebens.

Belohnt werden diese Frauen für ihren Mut mit einem unverfälschten Blick auf das Leben. Sie brauchen auch weise Frauen an ihrer Seite, denn Geburt ist zum Hochrisikogeschäft erklärt worden, bei dem die Seele oder Würde der Mutter keinen Platz hat. Mit Angst lässt sich Geld verdienen. Mütter mit Hausgeburten werden häufig als »verantwortungslos« dargestellt, obwohl inzwischen niemand mehr abstreiten kann, dass Hausgeburten kein höheres Risiko haben, wohl aber das Risiko von Komplikationen bei der Geburt im Krankenhaus steigt.

Eine natürliche Geburt braucht – wie lustvolle Sexualität – Ruhe, Ungestörtheit, Intimität, Vertrauen.

Noch erleiden viele Frauen bei Geburten jedoch ein Trauma, quälen sich oft ein Leben lang mit Versagensgefühlen und finden nur unter erschwerten Bedingungen Zugang zur mütterlichen Kraft. Das Drama wird an die nächste Generation weitergegeben. Viele entscheiden sich gegen ein zweites Kind. Die Geburtshilfe in Deutschland ist so gesehen derzeit alles andere als lebensfördernd und damit das Gegenteil von urweiblich.

Doch wie anders könnte unsere Welt sein, wenn Geburt nicht mehr mit Angst und Schmerz, sondern vielmehr mit tiefer Freude und Liebe gleichgesetzt wäre? Hätte die nächste

Aus urweiblicher Perspektive ist Geburt kein Trennungsprozess, sondern eine dreifache Verbindungsarbeit: Körper-Geist-Seele, Mutter-Kind und die universelle Schöpfungskraft.

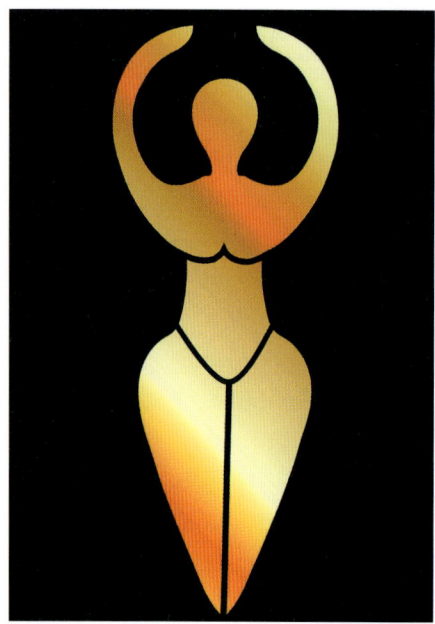

Im Vertrauen auf die weibliche Kraft und den Schutz der Großen Göttin ist ein Leben in Frieden, Fülle, Gemeinschaft und Freude im Hier und Jetzt möglich.

Generation dann nicht die Chance auf ein Leben, das sich aus unzähligen Momenten der Freude und Liebe zusammensetzt? Könnten wir dann nicht endlich das Paradigma des Schmerzes hinter uns lassen und das Leben wieder feiern? Was würde sich ändern, wenn Weiblichkeit wieder zum Geschenk und Geburt zum Fest des Lebens werden würde? Wenn wir durch das Vertrauen in die natürlichen Prozesse und das Behütetsein im Schutz der Großen Mutter bei der Geburt nicht mehr an von Menschen erdachte Glaubenskonstrukte glauben müssten, die uns vom Göttlichen abbringen, da sie nicht im Urgrund wurzeln, und stattdessen jede für sich erfahren dürfte, dass bedingungsloses Vertrauen ins Leben durch unbeschreiblich schöne Lebensmomente vergoldet wird?

Noch ist Geburt als sinnlicher Zugang zur unmittelbaren Lebenserfahrung verbaut, Zeugung und Sexualität noch nicht als die zwei Seiten der weiblichen Sexualität erkannt. So wird das einst heilige, da mit jeder Faser lebensbejahende, auf Lust und Freude, Austausch, Verbindung und Verschmelzung ausgerichtete Dasein blockiert. Das Erleben erstarrt, muss moralisch und systemerhaltend vorinterpretiert werden. Veränderung ist dann nur noch gewaltsam möglich und verstellt das Leben als Zyklus heilsamer Wandlungsprozesse. Unter diesen Vorgaben kann Leben nur unter Schmerzen geboren werden, und Leben verstrickt sich im Leid. Verhindert wird ein freudvoller Start ins Leben wie in Folge auch das Leben als inspirierende, ekstatische, freudvolle, spirituelle Erfahrung, welches sich aus sich selbst heraus entfaltet.

Die goldenen Prinzipien des Lebens

Bei einer natürlichen Geburt im Vertrauen auf die weibliche Kraft zeigen sich die goldenen Prinzipien des Lebens, die die grundlegenden Prinzipien einer Welt der Liebe, Freude und des Friedens sind. Diese Prinzipien sind *heilig*, weil sie zutiefst lebensbejahend sind und nicht etwa religiöse Dogmen vertreten. Dieses bedingungslose Ja zum Leben ist die Voraussetzung für natürliche Geburten aus der weiblichen Kraft heraus, die neues Leben in diese Welt führen. Nur wenn eine Gebärende bereit ist, alles, was war, ist und sein wird, anzunehmen und zu bejahen, kann Geburt auf natürlichem Wege leicht und sicher verlaufen. Die Öffnung der Gebärmutter geht immer mit der Öffnung des Herzens einher. Natürliche Geburten zeigen uns, welche Bedeutung Hingabe, Vertrauen, Wertschätzung und das Eintauchen in den Flow für den Fluss der Geburt und des Lebens haben. Auf dieser Basis kann sich Leben von seiner schönen, verbindenden, spielerisch leichten Seite zeigen. Die Erde berührt dann den Himmel.

Das Bild des Himmels, der die Erde berührt, kommt auch im Symbol des Weltenbaums zum Ausdruck. Es wundert daher nicht, dass im Alten Ägypten (3000 v. Chr.) die Glyphe für Baum abgeleitet ist von der Glyphe für gebären. Der Baum ist ein uraltes Symbol für das Leben. »Leider ist das Wort Baum im Deutschen maskulin, der Weltenbaum dagegen enthält natürlich beide Geschlechter und hat ansonsten – als gebärendes Urwesen – eine eher weibliche Ausprägung«, schreiben Sing Satya und Fred Hageneder in ihrem Buch *Baum-Yoga*. Der Baum der Erkenntnis verweist auf die spirituelle Dimension von Geburt. Eva ist der Baum der Erkenntnis und dieses Wissen wurde mit Strafe und Schuld belegt, bis wir schließlich die Zusammenhänge vergessen haben. Dabei geht es nicht um Ideologie, sondern schlicht um die Selbstermächtigung von Frauen, Geburt wieder so erleben zu dürfen, wie sie sich Geburt aus ihrem Innersten erträumen. Wenn nicht bei der Geburt, wann wollen Frauen dann ihre Vorstellungen von der Welt einbringen und beherzt verfolgen? Alles, was eine natürliche Geburt fördert, fördert auch Frieden und Ehrfurcht vor dem Leben.

Gebären und leben ...

... im Vertrauen auf das Leben
Vertrauen überwindet Angst und ist ein Gefühl, das wachsen kann. Es ist das Grundgefühl im Menschen.

... im engen Austausch und Kontakt mit Mutter Erde
Vertrauen ins Leben entwickelt sich im Kontakt mit Mutter Erde und dem Gefühl, mit der Natur verbunden zu sein.

... im Rhythmus des Lebens
Alles im Leben hat seine Zeit und seinen Rhythmus. Den Zeitpunkt heißt es, geduldig und freudig willkommen zu heißen, im Verständnis darum, dass es keinen besseren Moment geben wird als den, der ist und sich zeigen wird.

... im Flow
Alles Wollen, Streben, Provozieren führt uns an Grenzen. Frei und kraftvoll wird das Tun für den, der sich dem Flow des Lebens hingeben kann. Im Flow sind Wollen, Denken, Fühlen und Handeln eins. Wenn wir die Widerstände in uns loslassen, sind wir bereit, das anzunehmen, was kommt. Wir können Teil eines größeren Ganzen werden. Im Flow dürfen sich die Dinge in Leichtigkeit entwickeln.

... in Liebe und Freude mit einem Lächeln
Lächeln öffnet die Türen zu den Herzen der Menschen und fördert auch die Öffnung des Muttermundes bei der Geburt. Egal, was es ist oder wohin der Weg führt, Freude im Herzen führt in eine beseelte, lebendige Welt. Liebe trägt durch stürmische Wellen. Leben ist Liebe; Gebären ein Liebesakt des Lebens mit sich selbst.

... im Bewusstsein des ureigenen Weges
Den einen, richtigen Weg gibt es nicht. Nur den stimmigen Weg im Einklang mit allem, was ist. Erfahrungen können nicht weitergegeben werden. Informationen und Hilfestellungen führen nur dann weiter, wenn sie an den eigenen Erfahrungshorizont geknüpft werden können.

... in Offenheit und Selbstverantwortung
Wer nicht auf halbem Wege stecken bleiben möchte, kommt um ein gewisses

Maß an Offenheit nicht herum. Wir öffnen uns, damit Neues hinein und hinaus kann. Innen und Außen sind eins. Leben ist Atem, ist Austausch. Niemand kann die Verantwortung für jemand anderen tragen. Selbstermächtigung ist das Zauberwort, um sich aus Verstrickungen zu lösen.

... in der Gemeinschaft

Im Kreis von lieben Menschen potenziert sich die Kraft. Frauenkraft entwickelt sich in der Gemeinschaft mit anderen Frauen im Leben ebenso wie unter der Geburt. Schwesterliche und brüderliche Solidarität im Wissen um die eine Urmutter allen Seins verbindet in der Tiefe, überwindet Gräben und heilt Wunden.

... in Demut und Dankbarkeit

Sich die eigenen Grenzen und die Grenzen der anderen bewusst zu machen, schützt vor unerfüllbaren Erwartungen. Das Leben ist ein Geschenk und ein Geheimnis. Dankbarkeit macht aus dem Wort Liebe ein Ereignis im Hier und Jetzt. Es hat die Kraft, Berge zu versetzen. Gelebte Dankbarkeit und Achtung für die Fülle des Lebens ist das Wort, das die Welt retten kann.

... in Anbindung an die göttliche Quelle

Wer den Zweifel eintauscht gegen das Vertrauen und die Liebe zum Leben, ist bereits an die göttliche Quelle angeschlossen. Wir brauchen weder Glaubenssätze noch Religionen für diese spirituelle Erfahrung. Das Leben ist dann wieder magisch, mystisch, geheimnisvoll und wunderbar. Das urweibliche Symbol des Labyrinths beschreibt dann wieder die Wege des Lebens und fördert Neugierde und Erkenntnis über die Zusammenhänge des Lebens. Das Leben wird zur Meditation, führt ins Innere und behütet wieder heraus. Gelebte Lebensweisheit löst die angsterfüllten Wege des künstlich erzeugten Irrgartens ab, der letztlich nur Verlierer hervorbringt, da er sich über das Leben selbst erhebt.

Die weibliche Kraft ist erwacht und reicht uns die Hand. Stoßen wir sie weiter weg oder verschließen die Augen, kann es gut sein, dass sich die Energie gegen uns richtet. Was wir derzeit erleben, ist der Abgesang einer fehlgeleiteten Männlichkeit und das Ende der männlich dominierten Welt. Die Veränderung hat bereits begonnen. Wir haben jetzt die Gelegenheit, am großen Rad mitzudrehen oder weggedreht zu werden.

Die berühmte Handreichung Gottes an die Menschen von Michelangelo aus urweiblicher Perspektive.

Die Wiederentdeckung der weiblichen Kraft rollt den roten Faden für uns aus, damit wir uns im Labyrinth des Lebens wieder zurechtzufinden. Als weise Frauen und Weberinnen sind wir darin bewandert, den Lebensfaden aufzunehmen und zu verknüpfen. Dafür müssen wir uns nur erinnern (wollen). Rollen wir ihr den roten Teppich aus! Der rote Teppich ist eine Reliquie, der die Magie und Kraft des heiligen roten Menstruationsblutes anhaftet, das einst von weisen Frauen zum Schutz und zur Förderung der Lebenskräfte auf die Erde oder Häuser aufgebracht wurde. Wir leben also immer noch in den alten Bildern, können sie aber nicht mehr deuten. Es ist Zeit, aus der Unbewusstheit zu erwachen und neu sehen zu lernen.

Ein ungeahntes Potenzial will entdeckt werden. Den Umschwung können wir gemeinsam schaffen, wenn wir wieder fragen, was wir *für* statt *gegen* etwas tun können. Wenn wir uns des Lebens in allem bewusst werden und uns prüfen, was lebensfördernd oder lebensschädigend ist. Der Nutzen daraus lässt sich vielleicht nicht in Geld festlegen, aber er erhält das Leben auf der Erde. Eine Welt, in der sich Leben aus sich heraus wieder frei entfalten kann – das ist der große Nutzen, der in einem bewussten Umgang mit weiblichen und männlichen Lebensenergien liegt. Die weibliche Kraft als integrierende Lebenskraft leuchtet uns hell wie die Venus den Weg in eine neue goldene Zeit.

Die drängende Frage des 21. Jahrhunderts ist es, wie viel Raum wir dem Weiblichen, Natürlichen einräumen und ob es uns gelingt, hinter die Schleier zu den Wurzeln vorzudringen. Die natürliche Geburt ist die letzte unmittelbare Verbindung und Erfahrung alten weiblichen Weisheitswissens im Leben, und daher hat ihr Erhalt entgegen der hochtechnisierten Geburtsmedizin so großen Stellenwert für uns alle über das persönliche Erleben der Frauen und Kinder hinaus.

Die Erde ist weiblich und unser Umgang mit dem Leben gehört zurück in liebevolle Hände, die mit der weiblichen Kraft führen.

Der originär lebensfördernde Zugang und Umgang mit allem Sein ging verloren, da wir aus den Augen verloren haben, dass alles Leben durch den Schoß einer Mutter geboren wurde. Der Schlüssel in eine lebensbejahende Welt liegt demnach in der Erinnerung der Kraft des Weiblichen als schöpferische, lebensbejahende Kraft. Die Wiedergeburt der weiblichen Kraft des Mutterschoßes macht den Weg frei für eine Welt in Barmherzigkeit und Respekt vor dem Leben.

Viel Freude bei der Entdeckung der Kraft des Weiblichen!

Anhang: Integration der weiblichen Kraft im Alltag

Die Wiederentdeckung der weiblichen Kraft ist keine geistige Angelegenheit oder Kopfsache, sie berührt den Menschen in seiner Ganzheit. Ihre ganze Kraft entfaltet sie, wenn sie auch in den Alltag integriert und selbstverständlicher Teil des Lebens wird. Denn dort gehört sie hin. Sie ist das Leben selbst. Urweiblichkeit positiv zu leben, führt zu einem lebendigen, erfüllten Leben für Frau und Mann. Die folgenden Anregungen sind daher als Beitrag zur Lebenshilfe zu verstehen. Es sind keine Vorgaben, sondern Anregungen, sich selbst auf den Weg zu machen und der weiblichen Kraft in sich nachzuspüren und ihr Ausdruck zu verleihen. Dabei sind der Fantasie keine Grenzen gesetzt.

*Die Gebärmutter ist der Sitz der weiblichen Kraft.
Sie ist jene magische Kraft, die Innen und Außen eins sein lässt.*

Naturverbundenheit

Das Fundament, auf dem sich die urweibliche Kraft kraftvoll entwickeln kann, ist die Verbindung zu Mutter Erde. Die bewusste Teilhabe am Lauf der Natur und die Achtsamkeit für die Schönheit und Vielfalt der Natur und des Lebens sind die Basis. Inzwischen gibt es Studien, die zeigen, dass bereits eine Stunde pro Woche, die wir in der Natur und vor allem im Wald verbringen, unser Immunsystem anregt und uns innerlich kräftigt. Wie die ganze Natur ist der Wald ein Ökosystem, das fortlaufend miteinander kommuniziert und sich austauscht. Treten wir in diesen Raum ein, werden auch wir als Teil der Natur »erkannt«. Unser System wird angeregt und belebt und wird auf Zellebene und im Unterbewusstsein in das größere System integriert.

Wir können dies auch bewusst nachvollziehen und damit das Gefühl der Verbundenheit in uns mit allem Leben verankern und die Lebendigkeit in aller Materie entdecken.

Wir sind in jedem Moment getragen von Mutter Erde.

Geh-Fühl

Naturverbundenheit geht Hand in Hand mit dem Bedürfnis, sich zu erden. Erden können wir uns über den Kontakt zur Erde. Wer sich mit Sorgen plagt oder Probleme zu lösen hat, tut daher gut daran, hinauszugehen und sich alles von der Seele zu laufen. Laufen im Sinne von *gehen*, bewusst Schritt für Schritt setzen und den Gedanken und Emotionen nachspüren. Gleichzeitig bei sich und im Außen erhalten wir von der Natur um uns herum Impulse, die zur Klärung beitragen. Alles ist mit allem verbunden, und im Austausch mit der Natur um uns herum kommen wir der inneren Natur auf die Spur. Zur Prävention gegen überhandnehmende Sorgen – als Folge davon, dass wir unseren Bodenkontakt verloren haben und unsere Lebensenergie nur noch im Kopf kreist –, ist es gerade in der wärmeren Jahreszeit sehr empfehlenswert, täglich bewusst ein paar Schritte barfuß zu gehen. Mit dem linken Fuß beim Einatmen Kraft aufnehmen und mit dem rechten Fuß beim Ausatmen alles Belastende abgeben – das erdet.

Singen und Tanzen

Es sollte kein Tag vergehen, an dem nicht wenigstens einmal herzhaft gelacht, getanzt und gesungen wird. Das befreit! Zum Spannungsabbau hat der Körper zwei Ventile: Lachen oder Weinen. Tun wir nichts von beidem, verhärten unser Körper und unser Herz nach und nach. Flexibilität und Neugierde auf das Leben bleiben auf der Strecke. Eine Kultur der Freude und Leichtigkeit etabliert sich in dem Maße, wie wir der Lebensfreude auch Ausdruck verleihen und ihr Raum und Zeit einräumen. Wer die weibliche Kraft gezielt dabei fördern möchte, dem sei empfohlen, das uralte Mantra *Adi Shakti* täglich zu singen und zu tanzen. Es ist eine Liebeserklärung an die universelle weibliche Schöpfungskraft und die Kundalini-Kraft in uns, die männliche und weibliche Energie in uns vereint und daher auch für Männer wirkungsvoll ist. Eine sehr schöne Version findet sich auf der FlowBirthing-Audio-CD (zu bestellen unter www.mankau-verlag.de).

Wir sind in jedem Moment in Schwingung – Tanzen und Singen sind Lebendigkeit.

Wir sind in jedem Moment mit allen verbunden.

Frauenkreise

Gerade für Frauen ist es wichtig, sich mit anderen Frauen zu treffen und auszutauschen. *Frauenkraft* entwickelt sich in der Gemeinschaft; weibliche Kraft wird durch gelebte Frauensolidarität gestärkt. Da Frauen allein manchmal zu Unsicherheit und Selbstkasteiung neigen, ist es eine Art mentale und psychologische Hygiene, sich regelmäßig im Kreis von anderen Frauen über Probleme auszutauschen, darüber zu lachen, um sich die Probleme nicht zu Herzen zu nehmen. Es gibt eine wachsende Zahl an Frauenkreisen, die neben Gesprächsrunden auch Frauenkraft stärkende Rituale zelebrieren oder sich der Heilung des Schoßraumes widmen. Genauso belebend ist, wenn sich Frauen wöchentlich treffen und sich gegenseitig in ihrem Sosein bestärken. Ideale Tage für diese Treffen sind Montag oder Freitag. Der Freitag war einst der Göttin Freya geweiht – dieser Tag birgt auch heute noch viel Göttinnenkraft in sich. Freitag, der 13., ist ein besonderer Festtag für Frauen, der sich hervorragend für Frauenfeste aller Art eignet.

Feste im Jahreskreis

Um sich des ewigen Kreislaufes von Werden, Entstehen und Vergehen und damit der weiblichen zyklischen Natur bewusst zu werden, ist es für Frauen und zur Stärkung der weiblichen Kraft in der Welt sehr wertvoll, die alten Jahreskreisfeste wieder zu feiern.

So zum Beispiel das Fest *Imbolc*, welches an Maria Lichtmess in der Nacht vom 1. auf den 2. Februar gefeiert wird und ursprünglich das neue Jahr einläutete. Der keltische Brauch zu Ehren von Brigid, der Großen Göttin, wurde an Lichtmess ins christliche Brauchtum übernommen. Das christliche Fest Lichtmess baut auf der alten Tradition auf und stellt an diesem Tag Kerzen in den Mittelpunkt. So hat sich das Wissen erhalten, dass Kerzen, die am 1. Februar geweiht werden, hohe Schutzkraft haben und, angezündet bei Notsituationen, im Krankenbett oder auch bei der Geburt, die Menschen vor Unheil bewahren.

An diesem Tag feiern wir letztlich die Rückkehr des Lichtes und verknüpfen mit der langsam erwachenden Natur unsere Ideen und Wünsche für ein neues Jahr. Es war außerdem Brauch, an diesem Festtag kleine Schiffchen

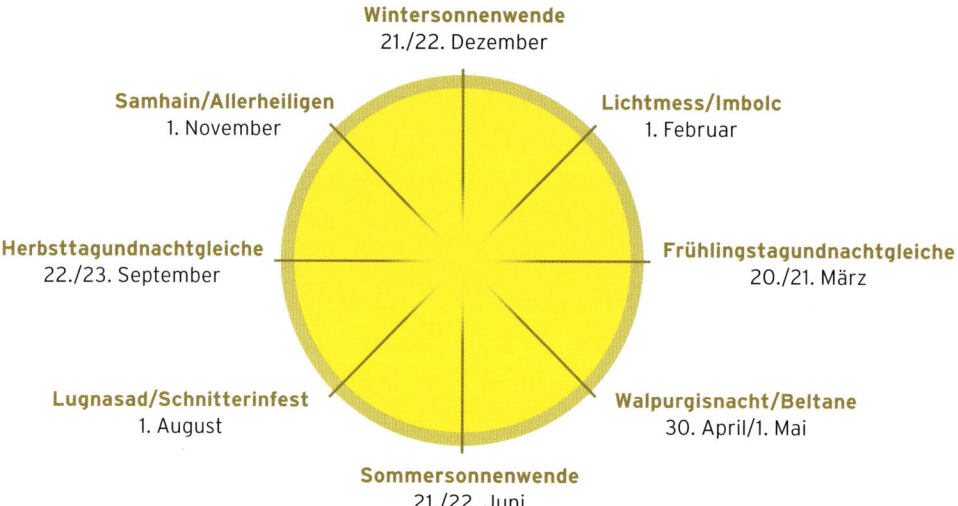

Wir sind in jedem Moment ein Rad im großen Ganzen.

mit Wünschen fürs neue Jahr ins fließende Wasser zu setzen und mit dem Fluss davontreiben zu lassen.

Um frei für Neues zu werden, ist der 1. Februar auch ein Tag des Innehaltens und Ausmistens von alten, nicht mehr förderlichen Gewohnheiten und Glaubenssätzen wie auch materiellen Dingen, die uns beschweren. Wir können die Dinge frohen Herzens weiterziehen lassen, wenn wir sie an Imbolc aus unserem Leben verabschieden. Die Neujahrsvorsätze zum Jahreswechsel verpuffen vielleicht auch daher so oft, weil die Zeit für Loslassen und Neubeginn im Rhythmus der weiblichen Kraft erst später so weit ist.

Das chinesische Jahr – also das der ältesten Kultur der Welt – beginnt übrigens auch immer Ende Januar/Anfang Februar. Dass an Maria Lichtmess vordergründig das Fest begangen wird, weil Maria nach 40 Tagen der Geburt ihres Kindes wieder rein sei, offenbart die Perversion des patriarchalen Denkens. Begehen wir die Jahreskreisfeste wieder in Bewusstheit der ursprünglichen Symbolik, geben sie unserem Leben wieder mehr Tiefe und die Feste im Jahr werden von ihrer Stumpfsinnigkeit befreit zu wahren Quellen der Kraft. Es gibt gerade in diesem Punkt so viel zu entdecken, zu lernen, das die Lust am Leben anfacht.

Gebete und Segen

Nichts ist wirkungsvoller als der Segen einer Mutter an beziehungsweise für ihr Kind. Wir könnten uns viele Sorgen und auch Ärger mit unseren Kindern ersparen, wenn wir sie nicht vor allem Übel dieser Welt beschützen wollten und sie in ihrer Entwicklung und ihrem Streben nach eigenen Erfahrungen einengen und reglementieren. Stattdessen sollten wir sie freigeben, im Vertrauen auf das Leben. Wirkungsvoller als alle Vorschriften und guten Ratschläge ist ein in Wahrhaftigkeit und Liebe gesprochener Segensspruch oder auch ein Gebet. Gebete sind Wege, den eigenen Geist durch Anbindung an die Seele und die göttliche Quelle auszurichten. Dabei ist es unerheblich, welchen Namen wir der göttlichen Quelle geben. Es geht auch nicht darum, diese als rein weiblich zu fassen. Der Glauben ist eine höchst persönliche, intime Angelegenheit, den jede/r für sich definieren sollte. Letztlich wissen wir alle nicht, wie wir uns die Quelle vorzustellen haben. Worauf wir allein bauen können, sind unsere inneren Impulse und Bilder. Und wenn in diesem Buch von der weiblichen Quelle allen Seins gesprochen wird, bedeutet dies, dass es starke Hinweise dafür gibt, dass das Leben in seiner Grundstruktur dem Urweiblichen entsprungen ist. Ob es im Anbeginn aller Zeit auch einen männlichen Aspekt gab oder das göttlich Weibliche bereits männlich und weiblich enthält, da es integrierend ist, ist die persönliche Anschauung und Freiheit eines jeden Menschen. Dies ist kein Widerspruch zur Feststellung der grundlegenden Bedeutung des Weiblichen für die Schöpfung und das Leben. Die Göttinnen erinnern heißt, sich für die Natur als lebendiges Wesen zu erinnern. Wer die weibliche Kraft wiederentdeckt, der lässt das Paradigma des Glaubens hinter sich und vertraut, da er mit jeder Faser lebt und aufgeht im Sein. Frei von äußeren Vorgaben ist er/sie frei, dem Ruf seiner/ihrer Seele zu folgen. Die Gebete *So tief wie die Seele*, die von Frauen rund um den Globus stammen, sind dafür wunderbar geeignet. Sie lassen das Vertrauen in die weltweite Schwesternschaft und Verbindung mit Mutter Erde und die revolutionäre Kraft, die daraus entsteht, aufblühen. Die beseelten Texte sind Vorboten einer Welt der Verbundenheit und des Friedens im Vertrauen auf die weibliche Kraft.

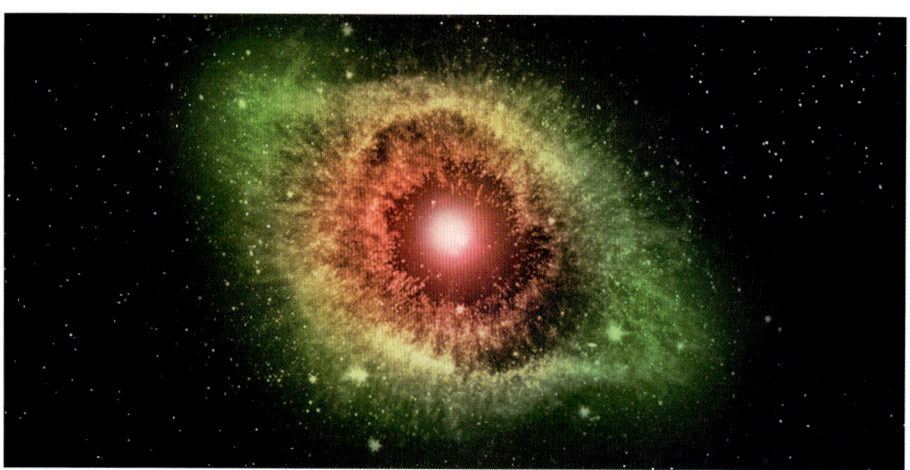

Im Ursprung gibt es nur ein klares Ja zum Leben. Wir sind – in jedem Moment!

Literaturverzeichnis

Aliti, Angelika: *Macht und Magie. Der weibliche Weg, die Welt zu verändern.* Frauenoffensive, 1998

Armanski, Gerhard: *Die großen Göttinnen.* Königshausen & Neumann, 2013

Armbruster, Kirsten: *Gott die Mutter: Eine Streitschrift wider den patriarchalen Monotheismus.* BoD, 2013

Armbruster, Kirsten: *Matrifokalität – Mütter im Zentrum. Ein Plädoyer für die Natur.* BoD, 2014

Bust, Astrid Leila: *Weiblichkeit leben.* Ellert & Richter Verlag, 2015

Casanovas, Carla Trepat: *Liliths Schatz. Eine Geschichte über die Sexualität, die Lust und den Menstruationszyklus.* www.liliths-schatz.com

Donner, Susanne: *Heilkraft aus Frauenblut.* www.bild-der-wissenschaft.de/bdw/bdwlive/heftarchiv/index2.php?object_id=32152632

Fester, Richard (u. a.): *Weib und Macht. Fünf Millionen Jahre Urgeschichte der Frau.* S. Fischer Verlag, 1979

Francia, Luisa: *Frauenkraft, Frauenweisheit.* Nymphenburger Verlag, 2014

von Gagern, Sirilya Dorothee: *Botschaften der Großen Göttin. Die Symbolsprache aus den Kulthöhlen der Ile-de-France mit Symbol-Kraftkarten.* Irdana, 2013

Gillessen, Brigitte: *Der Weg der Göttin. Das geheime Qi Gong der Frauen.* Nymphenburger, 2007

Gurmukh: *Die 8 Gaben des Menschen. Die Chakras heilen und stärken durch Kundalini Yoga.* Theseus, 2015

Heilmeier-Beerheide, Liselotte: *Gott – Göttin: Ein Gott und zwei Geschlechter.* Frankfurter Literaturverlag, 2010

Heintze, Anne: *Außergewöhnlich normal.* Ariston, 2013

Hinterthür, Petra: *Lotusblüten Qigong.* Windpferd, 2009

Jones, Kathy: *The Godess in Glastonbury.* Samant Bostock, 1990

Kaffka, Andrea A.: *Zu den Quellen weiblicher Kraft.* Joy Verlag, 2007

Kaur, Har Darshan: *Yoga für Frauen.* Yogi Press, 2006

Liussi, Heidrun: *Das weiblich Göttliche – göttlich Weibliche.* Verlag Traugott Bautz GmbH, 2011

Mailahn, Klaus: *Die Göttin des Christentums: Maria Magdalena. Das Geheimnis der Gefährtin Jesu.* BoD, 2013

Meier-Seethaler, Carola: *Jenseits von Gott und Göttin: Plädoyer für eine sprituelle Ethik.* C.H. Beck, 2001

Mongan, Marie F.: *HypnoBirthing.* Mankau Verlag, 2013

Neuner, Werner Johannes: *Die Matrix – Der Schlüssel zum ersten Bewusstsein.* Limarutti Verlag, 2012

Pattanaik, Devdutt: *Frauen in indischen Mythen.* Arun, 2001

Pregesbauer, Helga: *Irreale Sexualitäten.* Löcker, 2009

Pröll, Gabriele: *Das Geheminis der Menstruation.* Goldmann, 2004

Pröll, Gabriele: *Meine Tage: Quelle weiblicher Kraft und Intuition.* Bauer, 2002

Rakuna & Anomatey: *Segen so tief wie die Seele.* Pomaska-Brand Verlag, 2010

Regler-Bellinger, Brigitte: *Die Himmelsherrin bin ich. Gebete und Hymnen an Göttinnen.* Verlag Gisela Meußling, 1993

Sanyal, Mithu Melanie: *Vulva – die Enthüllung des unsichtbaren Geschlechts.* Wagenbach, 2009

Singh, Satya/Hageneder Fred: *Baum-Yoga.* Neue Erde, 2006

Skadé, Cambra Maria: *Töchter der Mondin.* Arun, 2013

Stefanovic, Aleksandar: *Warum Adam kein Mann ist ...: Die Textverfälschungen in der Bibel.* Edition 10, 2009

Strack, Hanna: *Spirituelle Reise zur Gebärmutter.* Lit Verlag, 2014

Strack, Hanna/Nienkerk, Gunhild: *Guter Hoffnung sein.* Tyrolia Verlagsanstalt, 2013

Walker, Barbara G.: *Das geheime Wissen der Frauen.* dtv, 1995

Walter, Johannes: *Chakra-Heilung.* Allegria, 2008

Weiler, Gerda: *Das Matriarchat im Alten Israel.* Kohlhammer, 1989

Weiler, Gerda: *Der enteignete Mythos.* Frauenoffensive 1988

von Werlhof, Claudia: *Die Verkehrung – Das Projekt des Patriarchats und das Gender-Dilemma.* Promedia, 2011

Wessel, Helen: *The Joy of Natural Childbirth.* Bookmates International Inc.

West, Anne: *Venus-Sex.* Knaur, 2014

Wolf, Doris: *Der Kampf gegen Weisheit und Macht der matriarchalen Urkultur Ägyptens.* DEWE-Verlag, 2009

Zingsem, Vera: *Göttinnen großer Kulturen.* Anaconda, 2010

Stärkende Angebote im Internet

www.grandmotherscouncil.org

www.rahelundbahim.com

www.ratdergrossmuetter.org

www.flowbirthing.de

www.weiblichkeit-erwacht.de

www.kristinarumpel.de

www.walruna.com

www.mankau-verlag.de

Register

Akzeptanz 15, 36, 104, 113 ff.
Anch-Kreuz 50
Aura 111, 122, 128 f.

Barmherzigkeit 30 ff., 149
Bethen 84 f.
Blockaden 115, 117, 119, 124, 126

Chakren 108 ff.
Chi (Lebensenergie) 106
Christusbewusstsein 22 f.

Dreieinigkeit 35
Dreisatz der weiblichen Kraft 132

Erbsünde 47

Frauenbild (Geschichte) 57 ff.

Gebärmutter 23, 28, 31 f., 46 f., 52, 54, 66, 69, 77, 79, 145, 150
Gebete 11, 19, 37, 95, 138
Geburt 32, 39, 45 ff., 68 f., 71, 81 ff., 86, 141 ff.
Gender 101 f.
Genitalverstümmelung 89 f.
Gewalt gegen Frauen 40 f.
Gleichberechtigung 99 ff.

Halschakra 114, 117 f.
Hausgeburt 143
Herzchakra 122
Hexenverfolgung 82 f., 88
Höhlen als Kraftorte 46 ff.

Intuition 15, 121, 126 ff., 133

Jungfrauen-Geburt 80

Kaiserschnitt 68 f.
Klitoris 88 ff.
Kreismittelpunkt 21 f.
Kronenchakra 114, 120
Kundalini(-Yoga) 67, 108 f., 126, 128 f., 134

Lebensenergien, männliche/weibliche 15
Lebenslust 123

Ma (Ursilbe) 30, 61, 103, 120
Mammon 92 f., 125 f.
Mana 79, 127
Männlichkeit, Dominanz der 48 ff.
Männlichkeit, negativ gelebte 132
Melatonin 120

Menstruation(sblut) 44, 50, 72 f., 75 ff., 88, 103, 148
Mitgefühl 15, 124 ff.
Mondzyklen 23, 51, 72 f., 103
Mutter Maria 34 f., 52
Mutter-Tochter-Bindung 74 f.
Muttersein 49 f., 87

Parthenogenese 25 f.
Patriarchat 64 ff., 75, 81, 88, 93
Phalluskult 52 ff.
Polarität weiblich/männlich 104 ff.

Qualitäten, männliche 113 ff., 130, 135, 140
Qualitäten, weibliche 121 ff., 130, 140

Sakralchakra 122
Schatten-Emotionen 116 f.
Schlange 62 f., 66 ff., 108, 113
Schöpfungsgeschichte, weibliche 33 ff.
Schoß, weiblicher 16, 30 ff., 54, 90, 135 ff.
Schwangerschaft 28, 39, 74, 83, 143
Sechsspeichenrad 83 f.
Sexualität 27 f., 32, 56, 60, 74, 87 ff., 124, 134 f., 142, 144
Sheelas 59
Singen 117 f., 152
Solarplexuschakra 114 ff.
Spiritualität 45, 85
Stirnchakra 122, 126 ff.

Transformation 18, 22 f., 48, 94

Urmutter 28 ff., 43, 46, 52, 57, 62, 70, 78, 84, 88, 91
Urvertrauen 123
Urweiblichkeit 139 f.

Venus (Planet) 24
Verhütung 73 f.
Vulva 31, 44, 46, 50, 53 f., 58 ff., 89

Wehen 81 f.
Weise Frauen 83 ff., 103
Weltreligionen, Geschichte der 57 ff.
Wurzelchakra 114 f.

Yin und Yang 29 f., 52

Zahl 13 21 ff., 108
Zirbeldrüse 120

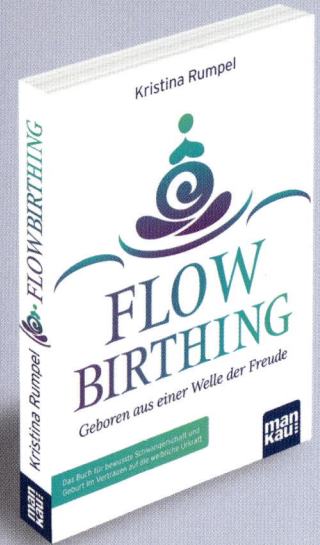

Kristina Marita Rumpel

FLOWBIRTHING – GEBOREN AUS EINER WELLE DER FREUDE

Das Buch für bewusste Schwangerschaft und Geburt im Vertrauen auf die weibliche Urkraft

18,90 € (D) / 19,50 € (A), ISBN 978-3-86374-234-8
Klappenbroschur, durchgehend farbig, 160 Seiten

„Der Umfang ist genau richtig, die Aufmachung ansprechend. Jede Frau sollte dieses Buch (oder ein ähnliches) zu Beginn ihrer Schwangerschaft lesen, um den ‚Aufbruch in eine neue (alte) Geburtskultur' zu fördern. Weg von Routine und Geburtsmedizin hin zu Vertrauen in die eigene Kraft, dem Wiederentdecken der inneren Weisheit. Jeder, der im Bereich Schwangerschaft und Geburt arbeitet, sollte es ebenfalls gelesen haben."

Hebammenforum, Nadine Körner

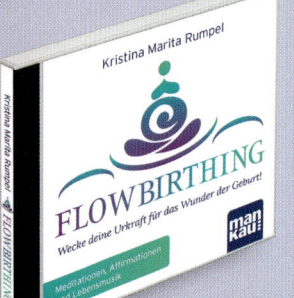

Kristina Marita Rumpel

FLOWBIRTHING (AUDIO-CD)

Wecke deine Urkraft für das Wunder der Geburt! Meditationen, Affirmationen, Mantras und Lebensmusik

UVP 15,– € (D/A), ISBN 978-3-86374-239-3
Audio-CD, Gesamtlaufzeit ca. 68 Minuten

Die FlowBirthing-CD begleitet dich mit Mantras, Affirmationen, Meditationen, Visualisierungen und der Wiederentdeckung alter weiblicher Göttinnen auf deinem Weg zu einer selbst-bewussten Geburt. Die Übungen der FlowBirthing-CD sind auch für deinen Partner hilfreich. Die Kraft der FlowBirthing-Lebensmusik führt euch beide zu neuen Erfahrungshorizonten.

Andrea Wichterich

HEILPFLANZEN-SMOOTHIES FÜR FRAUEN

Mit 27 Smoothie-Rezepten für Gesundheit, Vitalität und hormonelle Balance

15,95 € (D) / 16,40 € (A), ISBN 978-3-86374-326-0
Integralband/Flexicover, durchgehend farbig, 159 Seiten

Grüne Smoothies versorgen den Organismus mit Vitalstoffen in bester Bio-Verfügbarkeit, entgiften und reinigen ihn mithilfe des Chlorophylls und tragen somit entscheidend zur Gesundheitsvorsorge bei. Heilpflanzen lassen sich in Smoothie-Form besonders schonend und gezielt zur Vorbeugung und Behandlung frauenspezifischer Erkrankungen und Anliegen anwenden, unter anderem bei Hormonschwankungen, Menstruationsstörungen, Wechseljahresbeschwerden und Blasenentzündungen, in der Schwangerschaft, während der Geburt sowie zur Entschlackung und Entgiftung.

Unsere Bücher erhalten Sie bei Ihrem Buchhändler!
Besuchen Sie auch unsere Internetseite mit Bestellmöglichkeit, Internetforum, Leseproben, Veranstaltungstipps und Newsletter: **www.mankau-verlag.de**